문화 트렌드 2021

문화 트렌드 2021

2020년 12월 20일 초판 인쇄
2020년 12월 25일 초판 발행

지은이 | 신형덕·박지현
펴낸이 | 이찬규
펴낸곳 | 북코리아

등록번호 | 제03-01240호
주소 | 13209 경기도 성남시 중원구 사기막골로 45번길 14
우림2차 A동 1007호
전화 | 02-704-7840
팩스 | 02-704-7848
이메일 | sunhaksa@korea.com
홈페이지 | www.북코리아.kr

ISBN | 978-89-6324-725-0(03680)
값 14,000원

오늘도 트렌드 전문가를 꿈꾸는 당신에게

문화 트렌드 2021

12가지 주제로 알아보는 2021 트렌드의 발견

#OST #부캐 #영역파괴 #외전 #독립기획자 #틱톡 #오디오북

#방구석관람 #크라우드펀딩 #실버유튜버 #조선의힙 #굿즈

신형덕 · 박지현 지음

북코리아

서문

서점에는 이미 다양한 트렌드 관련 서적이 넘치지만 우리는 중요한 빈틈을 발견했다. 바로 문화 트렌드이다. 문화는 우리가 보고 입고 먹는 것 등 우리 주변의 모든 것과 관련된 것이다. 그런 의미에서 우리는 어쩌면 빈틈을 발견한 것이 아니라 오히려 숲을 발견한 것이다. 나무가 아닌 숲.

트렌드에 관심을 두는 이유는 앞날을 예측하여 얻는 이득이 있기 때문이다. 마케팅 트렌드, 부동산 트렌드, 금융상품 트렌드, 디지털 트렌드 등 모든 트렌드 서적은 해당 분야에서의 정확한 예측에서 얻을 수 있는 보상을 제공한다. 그 때문에 트렌드 관련 서적이 이토록 폭넓은 인기를 끄는 것이다. 이제 이 책에서 제시하는 문화 트렌드는 독자에게 어떤 보상을 주어야 하는지 저자들이 설명해야 할 차례가 왔다.

한마디로 말해서 문화 트렌드를 읽는 사람들은 마케팅, 부동산, 금융상품, 디지털 등 여러 분야를 관통하는 안목을 얻게 된다. 이것은 여러 지류를 가진 큰 강의 본류를 조망하는 것으로 비유할 수 있겠다. 때로는 굽이치고 때로는 역류하기도 하겠지만 수원지에서 바다로 흐르는 본류를 이해하면 왜 다양한 지류의 흐름이 만들어지고 있는지 이해할 수 있고, 나아가 내년에 어떤 흐름으로 이어질 것인가를 예측할 수 있다. 이것이 바로 문화가 가진 속성이기 때문이다.

따라서 이 책은 우리 주변에서 유행하는 문화 트렌드를 단지 흥미 위주로 설명하는 것이 아니라 그 원류가 무엇인지, 동일해 보이지만 동일하지 않은 유사 트렌드가 무엇인지, 그리고 2021년의 우리의 삶에 어떻게 반영될 것인지에 대해 광각렌즈와 같은 조망을 제공한다. 그러나 너무 복잡하고 어려울 것이라고 걱정할 필요는 없다. 이 책에서 다루는 유행은 오디오북, OST, 부캐, 외전, 틱톡 등 우리에게 너무나 익숙한 것들이다. 우리에게 익숙한 수많은 예시를 통해 이들 현상을 재미있게 풀어나갈 것이다. 이 책을 읽은 독자는 이러한 익숙한 문화 현상들이 어떤 의미를 가지고 있고 2021년에 어떻게 진화할 것인가에 대한 통시적 시각을 갖게 될 것이다. 저자들이 설계하는 것은 그 시각을 통해 독자가 마케팅, 부동산, 금융상품, 그리고 디지털 분야에서 다른 사람들보다 반 걸음 더 앞서가도록 하는 것이다. 이 정도이면 또 하나의 트렌드 서적의 탄생의 이유로 충분할 것으로 자신한다.

저자 신형덕, 박지현

목차

1 책을 듣는 사람들

'책'이라는 단어를 들으면 우리는 자연스럽게 '읽다'라는 동사를 떠올리게 된다. 그리고 '읽다'라는 행위는 글이나 글자를 '보는' 시각적 감각을 사용하는 행동이다. 그런데 요즘은 책을 '듣는' 것에 익숙한 사람들이 늘어나고 있는 것 같다. 종이책에서 전자책으로, 이제 보는 책에서 듣는 책으로 변화하는 독서 트렌드. 사람들은 왜 책을 듣는 것일까?

1. 트렌드의 발견: 책을 듣는 사람들

오디오북(Audio book)

최근에는 누구든지 조금만 관심을 기울이면 손 쉽게 책을 청각으로 즐길 수 있다. 가장 대표적인 방법이 책의 활자를 그대로 소리로 옮겨온 '오디오북'인데 그 첫 시작은 1930년대 미국에서 시각장애인을 위해 만들어졌던 〈말하는 책(Talking book)〉이라고 볼 수 있다. 그렇다면 국내 최초의 오디오북은 어떤 것일까? 〈한국 단편소설 100선 Audio Book〉 이라는 이름으로 한국의 첫 오디오북이 출판된 것은

2002년이다.[1] 80장의 CD와 해설집 1권, 장식장까지 포함해서 무려 36만 원에 판매되었던 이 묵직한 오디오북은 소위 '망했다'고 표현할 만큼 판매 성적도 좋지 않았다고 하니 오디오북의 밝은 미래를 내다본 선견지명이 너무 빨랐던 것 같다.

우리나라에서 오디오북에 대한 관심이 높아진 것은 최근의 일이지만 해외에서는 종이책과 CD 형태의 오디오북이 함께 출판되는 것이 자연스러운 일이었다. 2008년 오디오북 제작 업체 오더블(Audible)을 인수하여 세계 최대 오디오북 서비스를 제공 중인 아마존 오더블(Amazon Audible)은 20만 권 이상의 콘텐츠를 보유하고 있고, 2005년 세계 최초로 모바일 오디오북 스트리밍 서비스를 출시한 스웨덴의 '스토리텔(Storytel)'은 얼마전 한국 시장에 진출하여 영향력을 확대해 나가고 있다.

"세상에서 가장 한심한 핑계는 책 읽을 시간이 없다는 것"이라며 작정한 듯 정곡을 찌르는 이들은 국내 오디오북 서비스 윌라(Welaaa)

오디오북 플랫폼 오더블

다. 우리나라 성인들의 연간 평균 독서량은 종이책과 전자책을 합쳐 고작 7.5권 정도인데,[2] 책을 읽지 않는 가장 쉬운 핑계로 '바빠서'라고 말하는 사람들에게 윌라는 오디오북을 통한 독서 방식을 권한다. 기계음이 아니라 책을 처음부터 끝까지 전문 성우가 읽어주는 '전문 낭독 서비스'를 제공하여 독자들이 더 편안하게 오디오북을 청취할 수 있도록 하고 있다.

전자책을 구독하는 독자들의 경우 따로 서비스를 가입하지 않아도 문자 음성 자동 변환(TTS) 기술로 책을 들을 수 있다. 이 경우 전자책으로 읽던 콘텐츠를 필요에 따라 오디오로 들을 수 있다는 간편함이 있지만, 듣다 보면 띄어쓰기나 괄호 속 설명, 문장부호 등이 어색하게 들리는 경우가 많다. 또 다른 오디오북 서비스 오디언(Audien)의 경우 이러한 자동 음성 변환 서비스의 단점을 AI 음성합성 기술로 해결하여 전문 성우가 녹음한 것이 아님에도 불구하고 자연스럽고 쉽게 오디오 콘텐츠를 제작하고 서비스한다.

오디오북이 인기를 끌면서 출판사에서 기획 단계부터 오디오북을 마케팅 도구나 새로운 수익 창출 분야로 인식하는 경우도 늘어나고 있다. 조정래 작가의 신작 《천년의 질문》은 국내 최초로 출간 전 오디오북 연재를 진행하여 독자들의 뜨거운 관심을 이끌었고, 저자나 유명인이 직접 읽어주는 오디오북 또한 높은 청취 수를 기록하고 있다. 미국의 전 퍼스트레이디 미셸 오바마(Michelle Obama)는 본인의 자서전 《비커밍(*Becoming*)》의 오디오북을 7일 동안 녹음하며 공들였다고 하는데, 이 오디오북으로 제62회 그래미 시상식에서 '베스트 스포큰 워드 앨범상(Best Spoken Word Album)'을 수상했다. 이처럼 오디오북은 출판업계의 새로운 전략적 콘텐츠로 자리매김하고 있다.

핵심만 요약해서 읽어드립니다

오디오북으로 한 권의 책을 완독하려면 얼마의 시간이 걸릴까? 김훈 작가의 《칼의 노래》는 9시간 35분, 요나스 요나손 작가의 《창문 넘어 도망친 100세 노인》은 무려 15시간 19분이 걸린다. 종이책을 읽을 때 걸리는 시간을 정확히 재본 적이 없어 직접적으로 비교할 수는 없지만, 10시간이 넘는 완독 시간은 오디오북 선택을 망설이게 하는 것이 사실이다. 그래서 사람들은 더 빠른 시간 안에 한 권의 책을 들을 수 있는 오디오 콘텐츠를 찾아 나서고 있다.

tvN에서 방영되었던 〈요즘책방: 책 읽어드립니다〉는 이러한 독서 트렌드를 잘 보여주는 프로그램이다. 누구나 한 번쯤은 들어봤을 유명한 고전이지만 쉽게 읽어지지 않던 책들을 핵심만 정리하여 이해하기 쉽게 풀어주었다. 그 결과, 독서 예능으로는 드물게 높은 인기와 화제성을 자랑하였다. 프로그램에서 다루었던 도서들은 대부분 베스트셀러에 진입하여 판매 역주행 현상을 보여주었고, 《삼국지》 강독 영상은 600만 회가 넘는 유튜브 조회수를 기록하고 있다.

'서머리(Summary) 콘텐츠'라고도 불리는 이러한 요약 서비스는 최근 콘텐츠 시장의 흐름을 주도하는 아이템이다. 전자책 서비스 업체인 밀리의 서재는 책의 핵심 내용을 축약해 30분 내외로 들려주는 리딩북 서비스를 제공하고 있다. 5만 권가량의 전자책을 보유하고 있는 밀리의 서재는 현재 800권 정도의 리딩북을 서비스하고 있는데, 이 리딩북 사용량이 전체 서비스의 20%에 달할 정도이다.[3] 이뿐만이 아니라 팟캐스트, 팟빵, 오디오클립 등 여러 오디오 콘텐츠 플랫폼에서 책 요약 서비스는 이미 인기 콘텐츠 상위를 차지하고 있다.

온라인 상에서 제공되는 음성 콘텐츠를 통틀어 오디오 콘텐츠라

다양한 오디오 콘텐츠를 감상할 수 있는 팟캐스트

고 부르고, 이것을 크게 오디오북과 팟캐스트(podcast)로 나눌 수 있다. 오디오북은 앞서 살펴보았던 것처럼 책을 소리로 들을 수 있는 콘텐츠이며, 팟캐스트는 마치 라디오처럼 진행자가 이야기를 들려주는 방식의 콘텐츠이다. 그렇다면 책을 요약해주는 '서머리 콘텐츠'는 오디오북과 팟캐스트의 중간 지점 즈음에 있는 서비스라고 할 수 있겠다.

최근에는 책을 소재로 유튜브 콘텐츠를 제작하는 북튜버(Book-tuber)를 통해 서적을 접하는 사람들도 늘어나고 있다. 북튜버는 책(Book)과 유튜버(Youtuber)의 합성어로 고전에서부터 자기계발서, 전문서적, 에세이 등 다양한 장르의 책을 소개해주고 주요 부분을 읽어주는 채널이다. 이러한 북튜버들은 책을 요약하여 전달해주는 것뿐만 아니라 독서에 관한 다양한 정보를 제공하여 출판업에 대한 관심을 증가시킨다. 실제로 인터넷 서점 예스24에서는 2019년 상판기 출판 트렌드 키워드로 '유튜버셀러'를 선정하였는데 이는 영향력 있는 유튜브 채널을 통해서 소개된 책들의 판매량이 급증하는 현상을 반영한다.[4] 그저 유튜브에서 지나가는 영상으로 보고 마는 것이 아니라 이것이 직접적인 도서 소비로 연결되고 이는 점차 다양한 방식으로 책을 즐기는 사람들이 늘어나고 있는 것을 반증하는 것이기도 하다.

오디오 드라마&시네마

택시나 버스를 타면 들려오던 "격동~50년"이라는 라디오 속 목소리를 기억하는 독자들이 있을지 모르겠다. MBC 라디오 드라마 〈격동 50년〉은 1988년부터 2009년까지 무려 21년간 대한민국의 근현대사를 다루며 많은 시민들의 귀를 즐겁게 해주었다. 딱히 라디오를 즐겨 듣지도, 역사에 관심이 많지도 않았던 필자도 그 당시 연기하던 성우들의 목소리와 드라마틱한 음악들이 기억나는 것을 보면 그 영향력이 어떠했는지 짐작이 간다. 그러나 이후 라디오에 대한 관심이 줄어들고 수익성이 떨어진다는 이유로 제작 편수가 급격히 줄어들었던 청각 드라마들이 최근에는 오디오 콘텐츠 플랫폼을 타고 다시 청취자 곁으로 돌아오고 있다.

네이버는 2020년 6월 자체 오디오 콘텐츠 플랫폼인 오디오클립을 통해 국내 최초 오디오 시네마를 선보였다. 인기 웹툰, 웹소설을 3편의 오디오 영화로 재탄생 시켰다. 이전에 주로 제작되었던 오디오 드라마는 웹툰이나 웹소설의 장면과 대사를 낭독하는 형태였다면, 오디오 시네마는 긴 원작을 1시간에서 1시간 반 분량으로 각색하여 한 편의 영화처럼 즐길 수 있도록 했다는 점에서 차별점을 가진다. 또한, 플라비 작가의 웹소설 〈그대 곁에 잠들다〉의 경우 배우 이제훈과 유인나가 목소리를 연기하고, 하일권 작가의 웹툰 〈두근두근두근거려〉는 엑소의 찬열과 이세영이 주연을 맡는 등 인지도 높은 배우들의 출연으로 극의 몰입감을 높였다. 유명인들이 성우로 출연하는 경우 청취자들이 성우의 특징을 알고 있고 쉽게 목소리를 인지할 수 있어 극 중 상황을 더욱 잘 떠올릴 수 있다는 장점도 있다.

해외에서도 유명 SF작가이자 만화가인 닐 게이먼(Neil Gaiman)

DC코믹스 시리즈 《샌드맨》의 작가 닐 게이먼

의 DC코믹스 시리즈 《샌드맨(*The Sandman*)》이 제임스 맥어보이(James McAvoy) 주연의 오디오 드라마로 제작되어 화제가 되기도 했다. 아마존 오더블을 통해 서비스된 샌드맨 오디오 드라마 버전은 뉴욕타임즈 오디오픽션 부문 베스트셀러 1위에 올라 기존 인기 작품들의 오디오 드라마화에 대한 가능성을 확인하게 했다.[5]

영화음악 감독이기도 한 오디오 시네마 〈그대 곁에 잠들다〉의 방준석 감독은 제작 인터뷰에서 오디오 시네마는 '혼자 즐기는 콘텐츠'라는 점에서 여타 콘텐츠와는 다르다고 강조하였다. 과거 라디오 드라마는 대중교통이나 식당에서 여러 사람이 함께 청취하는 경우가 많았는데, 지금의 오디오 시네마는 이어폰을 사용하거나 차 안에서 혼자 듣는 '1인칭적 경험'을 통해 이야기를 소비하는 콘텐츠라는 점이 매력적이라고 말했다. 오디오 드라마와 같은 청각프로그램들은 사건이 일어나는 장면을 모두 소리로 표현해야 한다는 점에서 한계점을 가지고 있지만, 이는 청취자의 상상력이 더해져 완성된다는 점에서 장점이 되기도 한다. 이 참여는 굉장히 개인적인 경험이며 이를 통해 청취자들은 오디오 속 화자와 친밀함을 느끼게 되는데, 전 세계적인 팬데믹 상황에서 이런 친밀한 경험은 어쩔 수 없이 세상과 단절되어 생활하는 많은 사람들에게 위로와 휴식을 제공하기도 한다.

2. 트렌드의 원류: 이야기꾼의 역사

시간을 거슬러 올라가면 사실 이야기는 읽는 것이 아니라 듣는 것이 당연했던 시절이 있었다. 할머니가 어린 손자 손녀들에게 들려주던 호랑이 담배 피던 시절 이야기는 물론이고, 글을 읽을 수 있는 사람이 드물던 조선 후기의 소설들도 눈보다는 귀로 즐기는 여가활동이었다. 조선후기 문인이었던 추재 조수삼(趙秀三)이 지은 한시 〈추재기이(秋齋紀異)〉에 보면 이야기꾼에 대해 묘사한 내용이 나온다.

"노인은 동문 밖에 사는데 이야기를 입으로 줄줄 외워냈다. 《숙향전》, 《소대성전》, 《심청전》, 《설인귀전》 등과 같은 전기이다. …중략… 매달 반복하며 책 읽기를 잘하였다. 전기수의 곁에 이야기를 듣는 사람들이 빙 둘러 앉아있고, 긴박하여 들을 만한 구절이 되면 갑자기 침묵을 지키고 읽지를 않는다. 사람들이 그다음이 듣고 싶어 다투어 돈을 던진다. 이것을 일컬어 '돈을 긁어내는 방법'이라 한다."[6]

예나 지금이나 흥미로운 이야기를 가지고 있던 사람들은 인기도 많고 돈도 잘 벌었던 것 같다. 이처럼 나와는 다른 삶과 공간에 대한 이야기를 듣고 싶어하는 사람들과 그 이야기를 맛깔나게 들려주던 사람들의 관계는 아주 오래된 역사이며, 이야기나 시를 낭독하는 것은 단순히 글로 쓰여 있는 것을 소리 내어 읽는 차원의 것이 아니었다. 읽어 주는 사람의 목소리, 어조에 따라 듣는 사람들의 감정은 더욱 고조되고 몰입할 수 있다. 12세기 프랑스의 음유시인들은 달콤한 사랑의 시를 낭송해 로맨스(romance)라는 장르를 만들어냈고, 무성영화 시대의 변사(辯士)는 영화의 상황을 풍성한 의성어와 감성으로 묘사해 영화 감상에 감칠맛을 더해 주었다.

그런데 이러한 이야기꾼들의 활약은 라디오, TV와 같은 대중매체의 등장, 문맹률의 감소, 인쇄술의 발달로 인한 책의 보편화에 의해 점차 사라지는 듯했으나 아이러니 하게도 디지털 매체의 등장과 함께 우리 곁으로 다시 돌아오고 있다.

3. 트렌드의 이해: 귀찮은 건 싫지만 지적이고 싶어

책을 음성으로 듣고, 요약해서 듣고, 영화로 만들어 듣는 시대. 과히 우리의 귀는 쉴 틈 없이 새로운 이야기를 받아들이는 중이다.

요즘 우리가 책을 듣는 이유는 옛날 사람들이 이야기를 듣던 배경과는 사뭇 다르다. 과거에는 글을 몰라서, 책을 구하기 어려워서, 옛날 이야기를 들려주시는 할머니의 품이 좋아서 책을 들었지만 최근의 트렌드는 다른 모습이다.

먼저 첫번째, 요즘 사람들은 멀티태스킹을 원한다. 출근하면서 드라마를 보고, 러닝머신을 뛰면서 스포츠 경기를 보고, 설거지를 하면서 뉴스를 듣는다. 세상에 콘텐츠는 넘치지만 누구에게나 주어진 하

멀티태스킹이 필요한 요즘 사람들

루는 24시간이고, 우리는 그 시간 안에서 일도 하고 공부도 하고 여가도 즐겨야 한다. 그 결과 늘 시간에 쫓기는 사람들은 한 번에 두 세가지 일을 하면서 시간을 절약하고 싶어 한다.

라디오가 많은 사람들에게 사랑받는 이유 중 하나는 역설적이게도 '열심히 듣지 않아도 된다'는 점이다. 라디오 앞에 가만히 앉아 라디오만 집중해서 듣고 있는 사람이 청취자 중 과연 몇이나 될까? 과일 가게에서 과일을 팔면서, 사무실에서 일하면서 들으며 오후의 나른함을 깨워주는 존재였던 라디오는 일상 생활의 BGM(배경음악)이자 멀티태스킹의 원조였던 것이다.

오디오 콘텐츠 플랫폼 '팟빵'이 이용자를 대상으로 한 설문조사에서 응답자 중 45.6%가 이동 중에 오디오북을 듣고 있다고 응답했다. 그리고 아무 일도 하지 않고 오디오북만 들었다고 응답한 비율은 전체 응답자 중 3.4%에 불과했다.[7] 실제로 대부분의 사람들이 어떤 일과 '동시에' 오디오 콘텐츠를 활용하고 있는 것이다. 그리고 이처럼 시간을 절약하고 싶어하는 욕구는 앞서 언급한 요약 콘텐츠들의 인기가 높아지는 이유와도 일맥상통한다. 우리는 5분짜리 요약 동영상을 보면서도 10초 건너뛰기를 계속 누르고 있지 않은가.

두번째, 듣는 것이 매우 간편해졌다. 스마트폰만 있다면 오디오 콘텐츠를 듣는 것은 사실 언제 어디서든 가능하다. 과거에는 테이프나 CD 같은 저장 장치가 있어야만 재생이 가능했지만, 무제한 데이터 요금제가 보편화되고 와이파이 환경이 구축되면서 인터넷 스트리밍을 통해 디지털 음원을 손쉽게 재생할 수 있게 되었다. 거기다 헤드셋, 이어폰의 종류가 다양해지고 사용 방법이 쉬워져 다른 사람을 의식하지 않고도 충분히 감상할 수 있다. 이름만 부르면 원하는 것을 해준다는 인공지능 스피커와 빠른 속도로 상용화되고 있는 커넥티드카 등 다양한 플랫폼을 통해 공간에 구애받지 않고 이어 듣는 것이 가능해진 것도 오디오북 사용을 더욱 편리하게 한다. 종이책이나 전자책처럼 별도의 매체가 필요한 것도 아니라서 귀찮은 것은 딱 싫은 요즘 소비자들의 니즈를 충족시켜준다.

마지막으로 독서나 인문학에 대한 갈망이 높아진 것도 오디오북의 인기 요인 중 하나로 볼 수 있다. 우리는 엄청난 양의 콘텐츠 속에서 살고 있지만 한편으로는 그 어떤 것도 제대로 알고 있지 못하다는 느낌을 받기도 한다. 스낵 컬쳐(Snack Culture, 짧은 시간 동안 간편하게 즐기는 문화)에 익숙해져 단편적인 미디어 정보를 습득하는 것이 일반화되었지만 동시에 인문학과 같이 깊이 있는 지식에 목말라 한다. 사실 우리 사회의 인문학 열풍이 새로운 것은 아니다. 하지만 그 속에서도 책 읽을 시간은 없고 강연은 지루하기만 했던 사람들에게 오디오북은 보다 간편한 방법을 제시한다. 북튜버들도 정보와 지식에 대한 구독자들의 호기심을 채워주고 편안하게 책을 즐길 수 있도록 도와주며 새로운 트렌드를 만들어가고 있다.

4. 2021년 트렌드 예측: 호모 나랜스로의 전진

미술관에서는 작품 감상을 하는 관람객들을 방해하지 않으면서도 작품 해석에 도움이 될 수 있는 정보를 주기 위해 오디오가이드를 활용한다. 전시장 벽면이나 리플렛을 통해 정보를 제공하기도 하지만 미술 감상은 기본적으로 시각을 적극적으로 사용하기 때문에 시각이 아닌 다른 감각을 활용하는 오디오 콘텐츠는 정보를 효과적으로 전달하는 수단이 된다.

시각적으로 노출이 많은 요즘 사람들. 우리는 늘 컴퓨터, 태블릿 PC, 핸드폰 등 끊임없이 무언가를 보고 있다. 그래서 사람들은 시각 대신에 다른 방법으로 책을 읽고 싶어하는 것일지도 모르겠다. 그렇지만 멀티태스킹에 최적화되어 있는 오디오북은 반대로 집중하기 어렵다는 단점이 있다. 우리는 책을 읽다가 어떤 부분에서는 속독하며 빠르게 넘어가기도 하고 더 곱씹어보고 싶은 부분에서는 잠시 멈추어 갈 수 있지만, 오디오북으로 듣다 보면 잠깐 딴 생각하는 사이에 지나가 버리기 일쑤다. 그렇다고 다시 원하는 부분으로 돌아가기도 여의치 않다. 이 등장인물이 이 사람이었는지, 저 사람이었는지 헷갈리는 와중에도 오디오북은 계속 흘러가고 있다. 많은 정보를 빠르게 습득할 수 있지만 자신의 것으로 해석하고 받아들이는 기능은 점차 떨어질 수밖에 없을 것이다.

화려하고 자극적이며 빠르게 재생되는 콘텐츠에 익숙한 요즘 세대에게 하얀 바탕에 까만 글씨로 가득한 책은 한없이 정적이고 때로는 지루할 수도 있다. 전자책을 사 놓고도 아직도 종이를 넘기는 손 끝의 감각이 익숙하고 편해 책상 위에 고이 모셔 둔 필자에게 오디오북이라는 또다른 형태의 책은 아직 낯설다. 하지만 최근에는 우리가 고정관념처럼 여기던 어떤 것을 즐기는 감각이 전방위적으로 변화하는 것을 흔히 볼 수 있다. 굳이 4D 영화관을 떠올리지 않더라도 먹방은 미각으로 즐기던 맛을 시각으로 변화시켰고, 시각으로 즐기던 미술작품을 청각이나 촉각으로 즐길 수 있게 하는 시도가 늘어나고 있다. 따라서 무엇보다 간편한 오디오북이 앞으로 시각적 자극을 청각적 자극으로 더욱 변화시킬 것이라는 점은 확실한 것 같다.

아직 우리는 오디오북을 종이책의 부록 같은 형태로 느끼지만 오디오북 또한 국제표준도서번호(ISBN)가 부여되는 독립적인 출판물이다. 해외에서는 이미 오디오북이 종이책 판매를 넘어서는 경우도 있으며, 오디오북이 먼저 출판되거나 오디오북만 출판하는 경우도 나타나고 있다. 실제로 공상과학소설 작가 존 스칼지(John Scalzi)의 2014년작 《록인(*Lock In*)》은 종이책 2만 2천 5백 부, 전자책 2만 4천 부, 그리고 오디오북은 4만 1부가 판매되어 오디오북 판매량이 종이책을 훌쩍 뛰어넘었다.[8] 그리고 이와 같은 현상은 오디오북 열풍이 일기 시작한 국내 출판업계에도 먼 일은 아닐 것으로 예상된다.

현재 소설, 에세이, 자기계발서 등에 집중되어 있는 콘텐츠들이 더욱 확장되어 교육분야나 전공서적 등 전문지식을 담고 있는 책들도 오디오북으로 만나볼 수 있을 것으로 보이며, 새로운 아이디어나 참신

책을 듣는 시대, 책을 듣는 사람들

한 주제를 담고 있는 독립 오디오 출판물도 증가할 것으로 기대된다. 한국출판문화산업진흥원이나 경기콘텐츠진흥원과 같은 공공기관에서도 오디오 출판 콘텐츠 제작 지원에 적극 나서고 있는 것도 이러한 예측을 가능하게 한다.

비즈니스 측면에서도 스마트폰을 넘어서 AI 스피커 등 다양한 플랫폼에 적용 가능한 오디오 콘텐츠는 매우 매력적이다. 월정액 구독 등 유료 서비스의 확대로 오디오북은 이미 출판업계의 새로운 수익모델로 자리잡고 있으며, 홍보 채널에 목마른 출판사들과 저작권을 침해하지 않는 콘텐츠를 찾기 위해 동분서주하는 북튜버들의 만남은 콘텐츠 다양화라는 시너지 효과를 낼 전망이다. 최근 사회공헌플랫폼 카카오같이가치는 박보영, 진구, 한지민 등 유명 배우들과 힐링 사운드를 제작해 기부캠페인을 진행하였다. 이처럼 오디오북은 비단 출판업계뿐만 아니라 다양한 분야에서 활용될 수 있으며 앞으로 그 활용처는 더욱 확대될 것으로 보인다.

이야기를 만들어내고, 들려주고, 듣기 좋아하는 인간의 특성을 일컬어 호모 나랜스(homo narrans)라고 칭한다. 디지털 시대의 호모 나랜스들은 다양한 방식으로 이야기를 만들어내고 그 이야기를 공유한다. 걷다가도, 일을 하다가도 끊임없이 이야기를 듣고 있는 우리는 진정한 디지털 시대의 호모 나랜스가 아닌가 한다.

2 집콕 시대의 방구석 문화 관람

코로나19의 존재를 처음 알게 되었을 때만 하더라도 우리들의 2020년이 이처럼 뒤흔들릴지는 예상하지 못했다. 전 세계적인 팬데믹으로 사람들은 집에 머물러야 했고 ‘언택트(untact)’라는 낯선 단어는 이제 우리의 생활을 대표하는 단어가 되었다. 학생들은 학교를 가지 못하고, 직장인들은 직장에 가지 못하는 집콕 시대. 2020년 8월 아시아나 항공에서 진행한 영상 캠페인 “여행이 떠났다”는 코로나19로 인해 변화된 일상과 그리움을 담아내며 많은 이들의 공감을 얻었다. 여행뿐만 아니라 우리는 일상 속 사소한 부분까지 급격한 변화를 겪고 있다. 그리고 이러한 변화의 흐름은 문화예술계에서도 빠르게 일어났다. 특히, 공연이나 전시는 많은 사람들을 한 공간에 모이게 하는 특성 때문에 큰 타격을 받을 수밖에 없었다. 하지만 그와 동시에 문화예술계는 온라인을 활용한 공연과 전시를 발빠르게 제공하여 코로나19로 인해 불안함과 우울감을 느낀 많은 사람들에게 위로를 주고 있다. 예상치 못했던 코로나19의 습격은 분명 엄청난 시련이지만, 한편으로는 사람들에게 위안을 주는 예술의 중요한 역할을 다시 한 번 실감하게 한다. 2020년 집콕 시대의 방구석 문화 관람 트렌드를 하나씩 살펴보자.

1. 트렌드의 발견: 언택트 시대의 문화 관람

방방콘 더 라이브

한국 가수 최초 빌보드 싱글 차트 1위라는 기록을 세우며 전 세계적인 인기 가수로 자리매김한 방탄소년단은 2020년 6월 유료 온라인 라이브 콘서트를 개최하였다. '방에서 즐기는 방탄소년단 콘서트'라는 뜻의 〈방방콘〉은 코로나19로 인해 많은 공연이 취소된 상황에서 팬들과 만날 수 있는 새로운 방법이다.

온라인 라이브 콘서트는 음악방송처럼 하나의 화면으로 방송되는 것이 아니라 6개의 화면이 동시에 송출되는 멀티뷰를 제공한다. 미국 라이브 스트리밍 솔루션 기업 키스위 모바일(Kiswe Movile)이 참여하여 전체 무대, 클로즈업, 지미집 등 다양한 각도의 화면을 제공하고 시청자가 원하는 화면은 크게 볼 수 있도록 하였다. 또한 방탄소년단 팬들의 응원봉 연동 시스템을 구축해 비록 공연장이 아니더라도 팬들이 함께 공연에 참여할 수 있도록 하였다.

한국어, 영어, 일본어, 중국어 등 4개 국어 자막 서비스가 제공된 방방콘은 전 세계 107개 지역에서 총 75만 명이 시청했으며, 약 200억 원 이상의 매출을 창출한 것으로 추정된다.[9] 이는 온라인 라이브 스트리밍 콘서트 최다 시청자로 기네스 세계기록에 등재되기도 하였다. 5만 명 이상을 수용할 수 있는 스타디움 공연 15회와 맞먹는 수치라니 방탄소년단의 인기를 새삼 실감하게 한다.[10] 방방콘의 사례에서도 확인할 수 있듯이 오프라인은 좌석이 한정되어 있다는 한계가 있지만 온라인 콘서트는 관람객 수를 얼마든지 확대할 수 있다는 장점을 가지고 있다. 한정된 자원으로 수익을 창출해야 하는 제작사 입장

2019년 BTS 콘서트

에서는 새로운 블루오션이 열렸다고도 볼 수 있다. 또한 팬들 입장에서도 피켓팅('피가 튀는 전쟁 같은 티켓팅'이라는 뜻의 신조어)을 하지 않고도 좋아하는 가수의 공연을 오프라인보다 저렴한 가격으로 볼 수 있다는 장점도 있을 것이다.

그동안 공연계에서는 온라인 공연에 대한 관심은 높았으나, 유료 온라인 공연의 성공 여부에 대해서는 확신이 없었던 것이 사실이다. 하지만 이번 방탄소년단의 방방콘이 '온라인 공연 유료화가 성공할 수 있을 것인가?'라는 공연계의 오랜 질문에 대한 빠르고 강력한 대답을 제공한 것 같다. 방탄소년단이 소속된 빅히트엔터테인먼트뿐만 아니라 대형 K-pop 기획사들은 잇달아 온라인 공연을 위한 자체 플랫폼을 구축하거나 기존 플랫폼과의 협업에 속도를 내고 있다. SM과 JYP는 온라인 전용 콘서트를 위한 '비욘드 라이브(Beyond LIVE)'를 설립하고 슈퍼주니어, 트와이스 등 소속 가수들의 온라인 공연을 성공시키며 수익 창출 가능성을 확인하였다. 그러나 반면에, 기획했던 오프라인 공연들이 모두 취소되고 온라인 공연의 플랫폼 운영비나 홍보비를 충당하기 힘든 소규모 기획사의 경우 팬데믹 상황에 속수무책일 수밖에 없어 코로나19가 공연계의 양극화를 심화시킨다는 우려가 커지고 있는 것도 사실이다.

쇼는 계속되어야 한다! The Shows Must Go on!

우리는 이른바 4차 산업 혁명시대를 맞이하였고 AI, 자율주행차와 같이 인간의 개입이 최소화되는 신기술들을 이야기하고 있지만, 사실 연극이나 뮤지컬과 같은 공연들은 굉장히 노동집약적인 환경에서 이루어진다. 예를 들어, 기술이 발전하면서 과거에는 10명이 한 대의 자동차를 만들었다면 이제 관리자 1명만 있으면 한 대의 자동차를 만들 수 있는 시대가 되었다. 하지만 아무리 기술이 발전하여도 뮤지컬 〈캣츠〉에 등장하는 고양이 중 열 마리를 한 사람이 연기할 수는 없다. 또한 공연장은 많은 관람객들이 밀폐된 공간에서 가까이 붙어 앉아

뮤지컬 〈캣츠〉 공연 장면

2~3시간을 보내는 환경이기 때문에 이번 팬데믹의 영향을 크게 받을 수밖에 없었다. 해외 투어 공연 또한 줄줄이 취소되면서 많은 공연 팬들과 공연업계 사람들은 상실감을 느끼기도 했다.

〈오페라의 유령〉, 〈에비타〉, 〈캣츠〉 등 이름만 들어도 아는 유명 뮤지컬 작품들의 작곡가 앤드류 로이드 웨버(Andrew Lloyd Webber)가 이러한 뮤지컬 팬들을 위해 〈더 쇼 머스트 고온(The Shows Must Go On!)〉이라는 유튜브 채널을 만들었다. 매주 금요일 영국시간으로 오후 7시부터 48시간 동안 자신의 작품을 상영하였는데, 4월에 업로드 된 〈오페라의 유령〉은 공연에 목마른 전 세계 천만여 명의 팬들이 함께 관람했다.[11] 1986년 영국 런던 웨스트엔드, 1988년 미국 뉴욕 브로드웨이에서 각각 초연한 이후 30년이 넘도록 장기 공연해왔던 〈오페라의 유령〉 역시 코로나19의 여파를 비켜가지 못하고 중단되어 아쉬움을 자아냈는데, 그 빈자리를 뮤지컬계의 거장의 선물이 잠시나마 채워줬다.

뮤지컬 작곡가 앤드류 로이드 웨버(Andrew Lloyd Webber)

그 밖에도 〈헤어 스프레이〉, 〈사운드 오브 뮤직〉, 〈지저스 크라이스트 슈퍼스타〉 등 매주 다양한 콘텐츠 선보이며 코로나19 관련 기부 모금도 함께 진행해 '방구석 문화 관람'의 폭을 더욱 넓혔다는 평이다.

이처럼 코로나19로 인해 계획되어 있던 공연들이 잇달아 취소되면서 국내 각 기관들도 공연 실황 영상을 유튜브나 네이버TV 등의 플랫폼을 통해 무료 상영한 경우가 많았다. 예술의 전당은 연극, 창작발레, 클래식 연주 등 다양한 장르에 걸쳐 관객들에게 사랑을 받았던 공연 7편의 녹화 영상을 유튜브로 공개하였다. 또한 한국문화예술위원회에서는 우수 신작을 발굴하는 〈창작산실〉 프로그램 선정작들을 관람객들에게 무료 상영했다. 국립극단 온라인 상영회의 주제였던 "무대는 잠시 멈췄어도, 여기 연극이 있습니다"라는 말처럼 무대 위에서 살아 숨쉬는 공연은 아니지만 문화예술이 주는 즐거움과 위로를 관람객들이 잊지 않도록 끊임없이 노력하는 공연계의 땀과 눈물이 마음에 와 닿는 시간이었다.

온라인 미술관

그렇다면 미술관들은 이러한 팬데믹 상황에 어떻게 대처하였을까?

전시장 내 사회적 거리를 유지하기 위해 사전 예약제를 실시하고, 전시장 입장 시 발열체크, 손소독제 사용 등 관람객들의 안전을 지키기 위해 각 미술관 및 전시장들은 여러 대응책들을 내놓았지만, 사회적 거리두기 단계가 높아지면서 휴관을 피할 수는 없었다. 연간 전시 계획이나 작품 대여, 작가와의 계약 등 여러 복잡한 상황으로 인해 전시를 마냥 미룰 수 없는 처지인 미술관들은 관람객들이 온라인으로 전시를 관람할 수 있는 방안들을 강구하기 시작하였다.

국립현대미술관의 경우 〈보존과학자 C의 하루〉, 2020 아시아 기획전 〈또 다른 가족을 찾아서〉 등을 VR 전시로 구현하였다. 실제로 국립현대미술관 홈페이지에서 해당 전시들의 VR 전시에 접속해보면 생각보다 직관적이고 어려움 없이 온라인으로 전시를 관람할 수 있다는 사실에 놀라게 된다. 그리고 어쩌면 전시장에서는 그냥 지나쳤을지도 모르는 작품 관련 영상이나 해설을 더 자세히 살펴볼 수 있기도 하다. 작품 이미지도 고화질로 구현되어 보기에 불편함이 없고 중요한 부분마다 큐레이터가 설명해주는 부가 영상들을 챙겨보는 재미도 있다. VR 전시가 미술관에서 직접 관람하는 미술관의 공간성을 완전히 대체할 수는 없지만, 적어도 반강제적, 반자발적 집콕러들에게 새로운 자극이 되기엔 충분해 보인다.

미술관뿐만 아니라 미술시장을 대표하는 세계적인 경매회사들도 코로나19의 여파를 비켜가지 못하고 온라인 판매에 사활을 걸기 시작했다. 2020년 6월 사상 처음으로 실시한 소더비의 온라인 화상 경매

경매회사 '소더비(Sotheby's)' 홈페이지

는 런던, 뉴욕, 홍콩 등에서 접수되는 전화 응찰과 온라인 응찰을 화면으로 확인하는 방식으로 진행됐다. 고객들에게는 경매 전 카탈로그가 제공되었고, 고객들은 카탈로그를 통해 증강현실로 작품을 미리 살펴볼 수 있도록 하였다.[12] 실제로 소더비의 전체 매출은 코로나19 이전보다 감소하였지만 온라인 경매는 급격히 성장하고 있다고 하니 '경매의 미래가 이곳에 있다'고 한 소더비 온라인 경매의 모토도 과한 것은 아닌 듯하다.

랜선 페스티벌

코로나19는 축제나 시상식 등의 진행 방식에도 큰 영향을 미쳤다. 세계 3대 영화제로 꼽히는 제73회 칸 국제영화제는 한 차례 연기된 끝에 사실상 취소되었다. 국내 영화제의 경우에는 제21회 전주국제영화제가 첫 온라인 영화제를 개최하며 언택트 방식을 시도하였다. 선정된 180편의 영화 중 97편을 온라인 플랫폼 웨이브(Wavve)를 통해 공개하고 관객과의 대화(GV), 영화 토크 등의 부대 행사는 온라인으로 진행했다. 웨이브를 통해 상영한 영화는 총 7,048건의 유료결제가 이루어졌는데 온라인 영화제의 첫 시도로는 나쁘지 않은 결과이지만, 2019년 전주국제영화제의 관객 수가 8만 5,900명인 점을 감안하면 아쉬운 수치이다.[13] 축제가 가지고 있는 현장의 분위기나 화제성을 온라인으로 가져오기에는 아직 부족한 부분들이 많아 보인다. 연기자들의 축제라고 할 수 있는 '백상예술대상'이나 '서울드라마어워즈'와 같은 각종 시상식들도 무관중으로 개최되었다.

지역 경제 활성화에 큰 몫을 하던 각 지역 축제들도 대부분 취소되었으나 일부에서는 온라인으로 활로를 찾고 있다. 각종 지역 특산품들은 마치 홈쇼핑처럼 유튜버나 리포터들이 시식하고 맛을 설명하며 온라인으로 구매할 수 있도록 유도한다. 문화 공연들은 유튜브 채널을 통해 라이브로 방송하고, 지역 특유의 이야기를 담은 감각적인 영상을 제작하여 소개하기도 한다. 또한 비대면 참여 프로그램을 적극적으로 개발해 SNS 해시태그 이벤트를 비롯한 각종 공모전과 경연대회도 온라인으로 진행하고 있다. 얼음 낚시, 계절 꽃 축제 등 체험형 페스티벌은 여전히 줄줄이 취소되고 있지만 코로나19 시대에 살아남기 위한 각 지방자치단체들의 노력은 계속되고 있다.

2. 트렌드의 원류: 이미 우리에게 와 있던 변화

지금까지 살펴본 온라인 공연과 미술관들이 코로나19 이후에 갑자기 등장한 것 같지만, 사실은 이미 기술적으로나 시스템적으로 가능했던 것들이 팬데믹으로 인해 급격히 활성화된 것이다.

VR 미술관은 구글아트앤컬처(Google Arts & Culture)를 대중화의 시작점으로 볼 수 있을 것 같다. 2011년 구글아트프로젝트(Google Art Project)라는 이름으로 탄생한 이 온라인 미술관은 미술을 관람하는 새로운 방식을 제시하였다. 전 세계 유명 미술관 17곳을 통합해 그 안에서 자유롭게 오고 갈 수 있는 가상 공간을 구현했다. 구글이 가지고 있는 영향력과 '스트리트 뷰', '기가픽셀 포토 캡처링' 등의 기술이 합쳐져 인터넷만 연결되면 누구나 예술 작품을 감상할 수 있는 기회를 제공하였다. 온라인 미술관은 명화를 직접 볼 때의 감동을 그대로 재현하지는 못하지만 직접 봤을 때 경험할 수 없는 독

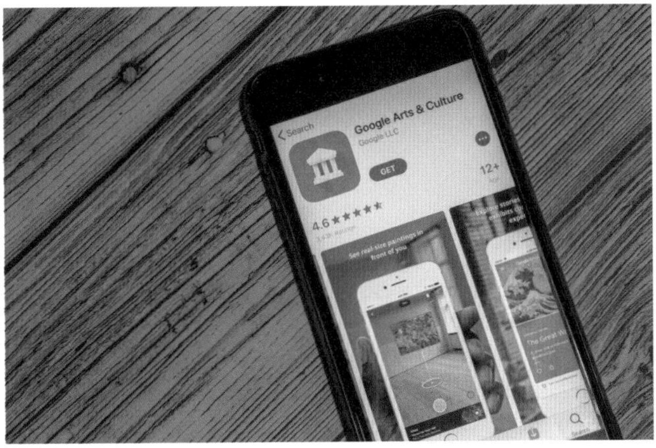

구글아트앤컬쳐(Google Arts & Culture) 어플리케이션

특한 시점을 제공하기도 한다. 지구 곳곳을 누비며 좋은 작품을 관람하는 것은 대다수의 사람들에게는 로망이자 사치이다. 구글아트프로젝트는 런칭 당시 전 세계 어디에 살든지 시간과 공간의 제약없이 보고 싶은 작품들을 마음껏 볼 수 있고 작품의 아주 디테일한 부분까지 볼 수 있도록 한 미술계의 혁신이었다.

온라인 공연도 이미 다양한 분야에서 자리 잡아가고 있었다. 개인 PC로 관람하는 형태는 아니었지만 공연을 라이브 영상으로 보는 것은 뉴욕 메트로폴리탄 오페라가 2006년 '더 메트: 라이브 인 에이치디(The Met: Live in HD)'를 시도하면서부터 활발해졌다. 오페라 〈마술피리〉를 전 세계 영화관에서 라이브로 공개하면서 공연 영상 관람의 새로운 장을 열었다. 도입 초기에는 영상화 된 공연이 실제 공연의 감동을 얼마나 담아낼 수 있을까 하는 의문과 실연 관객 수 감소로 이어지지 않을까 하는 우려가 많았지만, 메트로폴리탄 오페라는 여전히 관람객들의 사랑을 받고 있으며 영국 국립극장 등 여러 공연 단체들이 연이어 공연 실황 중계 시스템을 도입하는 도화선이 되었다. 이후 메트로폴리탄 오페라는 '메트 오페라 온 디맨드(Met Opera on Demand)' 서비스를 시작하여 온라인 스트리밍으로도 누구나 공연을 감상할 수 있도록 하였다.

베를린 필하모닉 오케스트라(Berlin Philharmonic Orchestra)는 2009년부터 공연 영상을 온라인으로 감상할 수 있는 디지털 콘서트홀(Digital Concert Hall)을 운영하고 있다. 클래식 음악 분야의 넷플릭스라고도 불리는 베를린 필하모닉의 디지털 콘서트홀은 500여 편 이상의 영상 아카이브와 매년 50여개의 라이브 방송을 제공한다. 매달 약 2만 원의 구독료를 내면 이러한 다양한 콘텐츠를 즐길 수 있고 한국어 서비스까지 갖추어져 있어 클래식 팬들에게는 익숙한 서비스이다. 코로나19로 공연이 취소되면서 베를린 필하모닉에서도 한 달 동안 디지털 콘서트홀을 무제한 이용할 수 있는 바우처를 전 세계 팬들에게 제공하기도 했다.

이처럼 이미 온라인 문화예술 서비스들은 우리 곁에 와있었지만, 코로나19로 수요가 급증하면서 급속도로 확산되었다. 또한 많은 문화예술 단체들이 관람객들을 위한 무료 서비스를 제공하고 미디어에서 이러한 프로그램들을 적극적으로 소개하면서 일반인들의 접근성이 더욱 높아졌다고 할 수 있다. 그리고 이번 기회를 통해 새로운 경험을 한 관람객들이 장기적으로 문화예술계의 새로운 관람객 층이 될 수 있을지 앞으로 지켜봐야 할 것이다.

3. 트렌드의 이해: 방구석 공연의 명암

온라인 공연과 전시의 활성화는 그동안 이러한 문화생활에서 소외되었던 사람들에게 접근성을 높여줬다는 점에서 반갑다. 수도권이나 문화예술 인프라가 잘 갖춰진 지역에 살지 않는 사람들은 사실 양질의 전시나 공연을 접하기가 쉽지 않다. 많은 문화예술 프로그램들이 수도권을 중심으로 이루어지고 있는 것은 자명한 사실이다. 보고 싶은 공연이 있을 때 마다 시간과 교통비를 들여야 했던 '지방러'들에게 원하는 장소에서 편안하게 볼 수 있는 온라인 공연은 반가운 기회이다. 그리고 시간적, 재정적 여유가 없어 문화생활을 쉽게 즐기지 못했던 사람들에게도 방구석 공연 붐은 문화생활의 높은 문턱을 넘어갈 기회가 되기도 한다. 쇼파에서 아이들을 무릎에 앉히고 주변 사람 눈치보지 않고 발레 공연을 함께 볼 수 있는 것은 집콕 생활의 위로가 되기도 한다.

그리고 공연 중 관람객 간의 실시간 소통이 가능하다는 것도 온라인 공연의 장점이다. 함께 공연을 보는 사람들과 채팅을 통해 이야기를 나누며 감상을 공유할 수 있고, 공연 제작자들도 관람객들의 반응을 빠르게 확인할 수 있다는 점에서 긍정적이다.

그러나 관람객 입장에서 방구석 문화 관람의 가장 큰 걸림돌은 몰입의 문제이다. 핸드폰으로 뮤지컬을 볼 때 우리는 실제 공연장에서 보는 감동의 몇 퍼센트 즈음을 느낄 수 있을까? 공연이라는 것은 스토리, 연기, 무대연출 등의 콘텐츠 제공뿐만 아니라 몰입할 수 있는 환경도 같이 제공하는 것이다. 전시장도 마찬가지이다. 흔히 '화이트 큐브(White cube)'라고 부르는 전시장에서 우리는 작품은 물론이고 그 공간의 분위기, 소음까지도 함께 관람한다. 이런 것들을 VR이 대신할 수는 없을 것이다.

또한 온라인으로 공연과 전시 등의 저작물이 배포되면서 저작권에 관한 문제도 이슈가 되고 있다. 코로나19라는 일종의 비상상황에 빠르게 대처하기 위해 이해관계자 모두가 저작권에 대한 명확한 해석과 적용없이 진행한 경우가 대다수이다. 전시에 관한 계약을 했을 경우 이것이 온라인 전시까지 포함하는 것이었는지, 공연을 영상으로 제작했을 경우 이 영상은 공연 창작자의 저작물인지 영상 제작자의 저작물인지 명확히 해야 할 부분들이 많다. 이는 온라인을 통한 공연과 전시가 활성화되고 있는 시장의 변화에 맞춰 반드시 짚고 넘어가야 하는 문제일 것이다.

그리고 오프라인 콘텐츠의 온라인화는 소규모 창작 뮤지컬이나 민간 전시기획 업체, 소규모 갤러리들에게는 꿈 같은 이야기이기도 하다. 질 높은 영상이나 VR 전시를 제작하기 위해 드는 비용은 만만치 않다. 거기에 플랫폼 사용료를 비롯한 각종 홍보 비용까지 계산하면 영세한 문화예술 단체들이 감당하기 어려운 경우가 많다. 방구석 공연 시장의 확대가 문화예술 분야의 양극화를 심화시킬 수 있다는 우려가 나오는 부분이다. 이 외에도 온라인 영상의 경우 쉽게 복제가 가능하다든가 적절한 관람 비용 산정 등 온라인 문화 관람 시장이 성장하기 위해서 우선적으로 해결해야 할 과제들이 아직 산적해 있다.

4. 2021년 트렌드 예측: 새로운 문화관람 세대의 탄생

물론 방구석 공연관람 트렌드는 코로나19로 인한 일시적인 현상이라고 말하는 사람도 있을 것이다. 미디어업체 월(Wurl)에 따르면 코로나19의 전 세계 확산 초기였던 2020년 3월 주말 이틀 동안 전 세계인들의 동영상 스트리밍 이용시간이 20% 이상 증가했다고 한다.[14] 그러나 앞서 살펴봤던 것처럼 온라인을 통한 문화 관람은 없던 것이 갑자기 하늘에서 뚝 떨어진 것이 아니라 천천히 변화하던 흐름이 급격하게 우리 삶에 들어온 것일뿐이다. 팬데믹으로 인해 우리가 조금 더 빠르게 받아들이게 된 것이다.

그렇다면 코로나19가 종식되고 우리 모두가 예전의 일상으로 돌아가게 되면 방구석 1열에서 공연을 관람하던 사람들은 어떻게 될까? 과연 이들은 계속 온라인 관람자로 남을까? 아니면 온, 오프라인을 넘나드는 새로운 문화관람 세대로 재탄생할까?

답은 후자일 가능성이 높아 보인다. 실제로 공연 영상 서비스가 처음 도입되었을 때 영상으로 제작된 공연이 실제 공연 관람객 수 감소에 영향을 미칠 것이라는 우려가 상당했다. 그러나 오히려 결과는 그 반대인 경우가 더 많다. 네이버의 V Classic을 통해 방영된 피아니스트 조성진의 쇼케이스는 클래식 공연의 진입장벽을 낮췄다는 호평을 받았고 한국문화예술위원회의 '창작산실' 프로그램 연극 〈레드북〉은 공연 생중계 이후 현장 객석 점유율이 80% 이상 상승하였다.[15]

온라인 공연 인프라가 아무리 증가해도 팬들은 자기가 좋아하는 가수나 배우의 공연을 실제로 보고 싶어 한다. 현장 공연과 영상 공연은 대체제가 아니라 서로 시너지 효과를 내는 보완제로 보아야 할 것

1985년 필라델피아 〈라이브 에이드〉 공연

이다.

따라서 2021년 포스트 코로나 시대에도 온라인 공연과 전시는 더욱 증가하고 유료화도 가속화될 것으로 보이지만 이것이 현장 공연의 축소를 의미하는 것은 아니다. 오프라인의 현장감을 온라인으로 전달할 수 있는 다양한 기술 접목이 시도될 전망이다. 그리고 방탄소년단 팬들의 응원봉과 같이 관람객들이 화면으로 공연을 보면서도 공연에 참여할 수 있게 하는 MD 상품 개발이 증가하고, 관람객의 몰입감을 높이기 위한 다채로운 시도가 이루어질 것으로 예상된다.

영화 〈보헤미안 랩소디〉에서 재조명되어 우리에게도 익숙한 1985년 〈라이브 에이드(Live Aid)〉 공연은 역사상 가장 큰 규모의 공연이었다. 일종의 실시간 공연 위성 중계 실험과도 같았던 〈라이브 에이드〉는 방송 당시 100여 개 국가에서 15억 명의 시청자가 공연을 관람하는 대기록을 세웠다. 이를 통해 U2는 일약 스타덤에 올랐고, 퀸은 다시 세계적인 밴드로 왕좌에 앉게 된다. 이것이 바로 무한히 확장할 수 있는 온라인 공연의 가능성이며 방구석 관람의 힘이 아닌가 한다.

3 크라우드 펀딩이 만드는 다양한 가치

“픽미 픽미 픽미업!” 오디션 예능 프로그램의 인기는 해가 가도 사그러들지 않는다. 분야와 우승자 선정 방식은 매번 바뀌어도 오디션이라는 포맷은 예능의 시청률 보증수표 같은 존재이다. 오디션 프로그램이 인기를 얻는 이유는 다양하겠지만 그중 시청자들이 우승자 선택에 직접 참여할 수 있다는 점은 매우 매력적이다. 사람들은 우승자 선정에 직접 참여하면서 프로그램에 더욱 몰입하고 애정을 가지게 된다.

‘픽미’ 열풍을 일으켰던 아이오아이

그렇다면, 만약 여러분이 영화나 공연 제작에 직접 참여할 수 있다면 어떨까? 아직 낯설게 들릴 수도 있는 크라우드 펀딩(Crowd Funding)은 관람객들의 직접적인 참여를 가능하게 하는 온라인 기반 모금 방식이다. 군중을 뜻하는 영어 단어 'Crowd'와 자금을 모은다는 뜻의 'Funding'의 합성어로, 예술이나 사회 활동과 같이 창의적인 아이디어에 다수의 사람들로부터 후원을 받아 제작 자금을 마련하는 것을 의미한다. 작품의 기획 의도에 공감하는 관람객들이 후원을 하면 기획자는 관람 티켓이나 관련 상품과 같은 보상을 주는 방식으로 운영된다.

"예술을 후원한다."

왠지 거창해 보이고 나에게는 해당되지 않는 말 같지만 크라우드 펀딩은 소액으로도 참여 가능한 일종의 예술 후원 방식이다. 문화예술을 사랑하는 마음만 있다면 여러분도 얼마든지 작품 제작에 참여할 수 있다. 이 글을 읽고 난 후 오늘 한번 마음에 드는 공연을 찾아 후원해보는 건 어떨까?

1. 트렌드의 발견: 같이 만드는 가치

텀블벅(Tumblbug)

텀블벅은 2011년에 시작한 크라우드 펀딩 플랫폼으로 한국 크라우드 펀딩 1세대이자 대표적인 크라우드 펀딩 사이트이다. 텀블벅의 창업자인 염재승 대표는 대학에서 영화를 전공했다. 자본력이 부족한 창작자의 어려움을 너무나 잘 이해했기 때문에 이를 해결하기 위한 플랫폼을 고안했는데, 텀블벅 홈페이지를 살펴보면 '비건을 위한 패션 프로젝트부터 개인이 만드는 인공위성 실험실까지' 분야를 막론하고 창조적인 아이디어에 생명을 불어넣는 기업으로 스스로를 소개하고 있다.[16]

텀블벅은 타 펀딩 사이트에 비해 문화예술 관련 프로젝트들의 비중이 높은 편이다. 문화예술분야의 다양한 공공기관과 협업을 진행하면서 유연하고 상시적인 후원이 가능한 생태계를 조성하는데 기여하고 있다. 과거에는 공공의 지원을 받지 않으면 영세한 창작자들은 생존하기 어려웠지만 크라우드 펀딩이라는 플랫폼을 통해 창작자들이 새로운 시도를 할 수 있는 환경이 자리잡게 되었다.

2008년 독립 출판으로 발간되어 입소문을 타고 베스트셀러까지 오른 《죽고 싶지만 떡볶이는 먹고 싶어》는 텀블벅을 통해 초기 출판 자금을 확보했다. 200부를 예상했던 펀딩은 총 1,392명이 2,054만 원을 후원하여 소위 말하는 '대박'이 났다. 크라우드 펀딩을 통해 독립 출판도 주류 시장에서 성공할 수 있다는 것을 보여준 대표적인 사례이다. 텀블벅을 통해 초기에 후원한 사람들은 현재 시중에 판매되는 책과는 다른 특별한 초판을 가지고 있다.

뿐만 아니라 대학 동아리들의 실험적 연극이라든지, 소규모 갤러리들의 전시들이 크라우드 펀딩을 추진하여 대관료, 제작비, 홍보비 등을 충당하고 있다. 글과 그림을 이제 막 배우기 시작한 할머니들의 작품을 모아 개최한 〈순천 할머니들의 서울 나들이 전시〉는 텀블벅을 통해 전시장 대관료와 경비를 마련했다. 크라우드 펀딩이 아니였다면 할머니들의 역사와 에너지가 가득한 이 전시는 아마도 세상에 나오기 힘들었을 것이다. 최근에는 인디 밴드들의 앨범 발매나 유튜버들의 연계 상품 제작에도 크라우드 펀딩이 적극적으로 활용되고 있다. 텀블벅에서 진행된 문화예술 관련 프로젝트의 누적 성사건수는 2015년 800건에서 2016년 1,200건, 2017년 1,700건, 2018년 2,700건으로 매년 급성장하고 있다.[17] 바야흐로 내가 추구하는 가치에 능동적으로 참여하는 '액티브 컨슈머(Active consumer)'의 장이 마련된 것이다.

MBC 예능 〈같이 펀딩〉

'가치' 있는 아이디어를 '같이' 만들어가는 프로그램이라는 의미의 MBC 〈같이 펀딩〉은 크라우드 펀딩 개념을 접목한 TV 예능 프로그램이다. 독립 유공자 후손을 돕는데 사용되는 태극기함, 청각장애 아동 후원을 위한 오디오북, 태풍 피해를 입은 농가를 위한 사과 판매 등 가치 있는 일을 함께 하자는 기획 의도를 가지고 제작되었다.

초반에는 예능에서 활용하기에 크라우드 펀딩이라는 개념이 어려운 것이 아니냐는 우려가 있었던 것도 사실이다. 그러나 〈같이 펀딩〉은 예능이라는 포맷 안에서 크라우드 펀딩을 활용하여 이에 대한 시청자들의 이해를 높이고 참여를 활성화시켰다. 가장 화제가 되었던 배우 유준상의 태극기함의 경우에는 단순히 그것을 제작하고 판매하는 데서 그치는 것이 아니라, 독립운동 과정에서 태극기가 가졌던 의미와 역사를 함께 되짚으며 프로젝트의 의의를 찾았다. 이러한 진정성은 시청자들의 마음을 움직여 1차 펀딩에서 목표액의 4,110%를 달성하는 성공을 거뒀다. 태극기함의 최종 후원 금액은 21억 3천만 원으로 오디오북 프로젝트의 2억 3천만 원 등을 포함해 프로그램 총합계 25억 7천 85만 원의 후원금이 모였다.[18]

이 금액은 시청률을 뛰어넘어 〈같이 펀딩〉이라는 프로그램이 담고자 했던 사회적 가치와 크라우드 펀딩의 가능성을 충분히 보여주었다고 생각된다. 또한 크라우드 펀딩이라는 새로운 모금 방식을 시청자들에게 쉽게 알려 대중성을 높였다는 데 의의가 있다. 사회를 바꿀 수 있는 아이디어와 그 아이디어의 실현, '같이' 한다면 '가치' 있는 일을 완성하는 것은 크게 어렵지 않다는 것을 보여준 시도였다.

영화 〈귀향〉

역사적 사건을 다루는 영화의 경우 적절한 투자자를 찾지 못해 무산되는 경우가 많다. 크라우드 펀딩은 이러한 영화 제작자들의 마지막 탈출구와 같은 기회이다. 2016년에 개봉된 영화 〈귀향〉은 위안부 피해 할머니들의 이야기를 소재로 한 영화이다. 누군가에게는 불편한 소

영화 〈귀향〉 포스터

재일 수도 있고, 오락성과 흥행성이 떨어진다는 이유로 투자자를 찾지 못해 14년간 제작이 중단되었다. 이후 크라우드 펀딩을 진행하면서 전 세계 7만 명이 넘는 후원자들로부터 12여억 원의 제작비를 모금하였고, 펀딩 성공이 뉴욕타임즈 등 국내외 언론의 관심을 끌면서 영화 홍보에도 큰 역할을 했다. 후원에 참여한 사람들에게는 입장권과 함께 영화 엔딩 크레딧에 이름을 올려주었는데, 75,270명의 후원자들의 이름이 모두 올라가는데 10분이 넘는 시간이 걸렸다. 그 후원자들 한 명 한 명이 바로 이 영화를 만든 사람들이라고도 할 수 있을 것이다.

이처럼 크라우드 펀딩을 통해 제작되는 영화들의 장점은 영화의 기획 의도에 공감해주는 관람객들을 미리 확보할 수 있다는 점이다. 크라우드 펀딩에 성공할 경우 이 영화를 보고 싶어하는 관객이 있다는 점을 사전에 증명하는 것이기도 하다. 그리고 후원에 참여한 관객들은 의미 있는 영화가 제작될 수 있도록 도움을 주었다는 사실에 더욱 애정을 갖고 영화를 지켜보며 홍보도 자처하는 또 한 명의 '제작자' 역할을 하게 된다고 할 수 있다.

메이크스타(Makestar)

아이돌도 이제 크라우드 펀딩 하는 시대이다. 2015년에 런칭한 한류 콘텐츠 크라우드 펀딩 플랫폼 메이크스타에서는 관심있는 가수, 배우, 애니메이션 등의 한류 콘텐츠를 지원할 수 있다. 크게 아티스트 주도의 펀딩과 팬메이드 펀딩으로 나뉘어 있는데, 아티스트 펀딩에서 사용자들은 팬미팅 개최, 화보집 제작, 신규 앨범 발매 등의 프로젝트에 후원할 수 있다. 그리고 후원자들은 아티스트 사인 CD나 한정판 포토카드, 시사회 초대 등 특별한 보상을 받을 수 있다. 최근에는 펀딩에 참

메이크스타에 참여한 러블리즈

여한 후원자 중 추첨을 통해 1:1 영상통화를 진행하는 보상을 주기도 해 팬들의 눈길을 사로잡았다. 팬메이드 펀딩의 경우 좋아하는 아티스트를 위해 팬들이 진행하는 프로젝트가 다수를 이루며, EBS 인기 캐릭터인 펭수의 데뷔 300일 축하 지하철 광고의 펀딩이 메이크스타를 통해 성공하기도 했다.

초기 아티스트 프로젝트에는 신인이 많이 참여했지만, 시아준수, EXID, B.A.P, 러블리즈 등 유명 아이돌들도 참여하고 있다. 사실 이처럼 스타들이 진행하는 크라우드 펀딩의 경우 실제로 제작 자금이 부족하여 펀딩을 진행한다기보다는 홍보 목적으로 활용하는 경우가 많다. 메이크스타에는 한류에 관심이 많은 해외 팬들도 참여하고 있고 펀딩을 통해 아티스트를 알게 되었다는 경우도 30%에 달한다.[19] 아티스트들은 자신을 후원하는 팬에게 방송에서 제공하기 힘든 특별한 리워드를 제공하고 충성도 높은 팬덤을 만들 수 있는 장점이 있다. 그리고 팬의 입장에서는 한정판 리워드뿐만 아니라 자신이 후원한 아티스트의 성장을 함께 지켜볼 수 있다는 매력이 있다. 아티스트와 팬들이 가까이 교류하고 소통할 수 있는 또 다른 채널이 크라우드 펀딩이라는 플랫폼 안에서 생겨나고 있는 듯하다.

2. 트렌드의 원류: 곗돈에서 크라우드 펀딩까지

크라우드 펀딩의 개념이 처음 등장한 것은 1997년 영국 밴드 마릴리온(Marillon)의 미국 투어를 위해 팬들이 모금한 것을 그 시작으로 본다. 당시 마릴리온은 해당 모금에 개입하지 않고 오로지 팬들이 자발적으로 참여하여 총 6만 달러를 모았다고 한다.

하지만 공동의 목적을 위해 여러 사람이 돈을 모으는 것은 새롭게 등장한 개념이 아니다. 우리나라에는 아주 오래전부터 전해 내려오는 계(契)라는 전통이 있다. 곗돈에 얽힌 사연이 수만가지인 만큼 계의 종류도 여러가지이다. 1938년에는 계에 대한 조사를 진행했는데 명칭이 다른 것만해도 480여 종이었으며 목적, 형태, 기능이 각각 달라 셀 수 없을 정도였다고 한다.[20] 요즘에는 친구들과 함께 여행 자금을 모으는 여행계, 자녀 교육을 위한 학계, 각 집안의 경조사를 챙기기 위한 경조계 등 친목을 위한 것들이 많지만 공공의 목적을 위해 공동으로 자금을 모으는 계도 여전히 존재한다.

본격적으로 온라인을 통한 크라우드 펀딩은 2008년 영국에서 설립된 인디고고(Indiegogo)를 통해 시작되었다. 창업자인 슬라바 루빈은 DIWO(Do it with others, 함께 하자)라는 모토를 가지고 크라우드 펀딩의 새로운 플랫폼을 만들어 나갔다. 이러한 온라인 펀딩 플

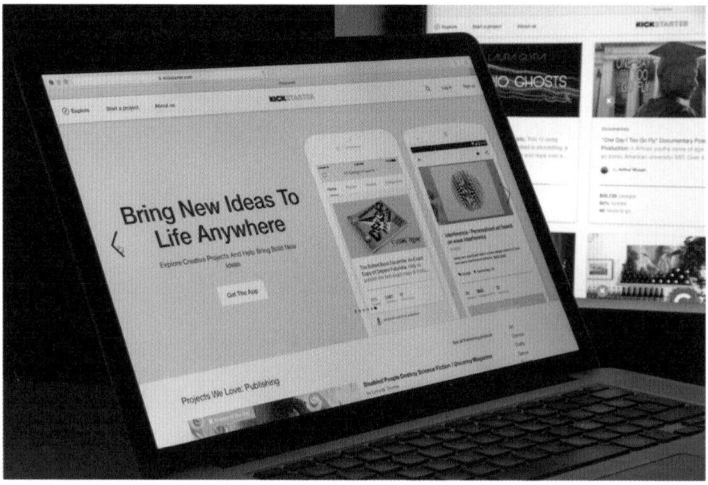

킥스타터(Kickstarter) 홈페이지

랫폼은 SNS의 성장과 함께 급속도로 확장되기 시작했고, 미국에서는 2009년 설립된 킥스타터(Kickstarter)를 시작으로 크라우드 펀딩이 대중화되었다. 스마트 워치, 게임과 같은 IT 제품을 비롯해 다큐멘터리, 영화, 아트 캠페인 등 다양한 분야에서 창의성 넘치는 프로젝트들이 킥스타터를 통해 후원 받고 있다.[21] 킥스타터는 펀딩을 통해 제작된 영화 중 해외 영화제 수상작이나 작품성을 인정받은 작품들을 선정하여 무료 상영하는 〈Kickstarter Film Festival〉을 개최하기도 했다. 대형 제작사 자본에 영향을 받지 않고 관객들의 선택을 받은 개성 넘치는 작품들이 다수 상영되어 문화예술 분야의 다양성에 기여하고 있는 크라우드 펀딩의 저력을 확인할 수 있는 기회였다.

국내에서는 크라우드 펀딩이 본격적으로 도입되기 이전인 2000년대 초에 이와 유사한 형태로 네티즌 펀드가 유행했다. 영화나 공연 제작 비용을 공모하고 추후에 수익을 배분하는 소액 펀드로

1999년 영화 〈반칙왕〉이 흥행에 성공하여 수익률 97%를 달성해 높은 사회적 관심을 받게 되었다. 이후 영화 〈공동경비구역 JSA〉, 〈친구〉 등이 150% 이상의 높은 투자 수익을 올리면서 더욱 자금이 몰렸으나, 모든 영화가 대박 날 수 없듯이 네티즌 펀드를 통해 손해보는 경우가 빈번히 발생하면서 점차 버블은 사라지게 되었다. 당시 네티즌 펀드는 수익이 주 목적이었다는 점에서 현재의 크라우드 펀딩과는 차이가 있다.

크라우드 펀딩은 투자보다는 아이디어에 공감하여 지원하는 후원에 가깝다. 우리나라에서는 2011년 디스이즈트루스토리(This is ture story)가 아이디어 소셜펀딩 사이트를 표방하며 최초로 도입되었다. 비슷한 시기에 텀블벅(tumblbug), 유캔펀딩(ucanfunding, 현재 유캔스타트) 등이 잇달아 서비스를 시작하면서 본격적인 크라우드 펀딩 시장이 형성되기 시작하였다. 특히 자본력이 뒷받침되지 않는 콘텐츠도 시장에 나올 수 있는 기회를 가질 수 있기 때문에 문화예술 분야에서 크라우드 펀딩은 활발히 활용되고 있다. 그간 우리나라 문화예술콘텐츠 시장은 눈부신 성장을 했지만 대중들이 좋아하는 작품들에 일종의 흥행 공식이 생기고 이에 맞지 않는 작품들은 투자자들의 기피 대상이 된 것도 사실이다. 크라우드 펀딩은 이러한 환경에서도 기획자들이 여전히 새로운 도전을 할 수 있도록 해주는 투자 대안으로 자리매김하고 있다.

3. 트렌드의 이해: 크라우드 펀딩에 도전해보자

여러분이 멋진 이야기를 가지고 있다고 가정해보자. 그것을 작품으로

여러 사람이 함께 모여 아이디어를 실현시키는 크라우드 펀딩

실현시키고 싶은데 자본이 부족하다면, 여러분의 이야기를 실현시켜 줄 후원자들을 찾아갈 방법이 여기 있다.

1단계 먼저 자신이 가진 아이디어를 다른 사람들이 보았을 때 쉽게 이해할 수 있도록 정리해야 한다. 시놉시스도 좋고, 그림으로 표현한 콘티도 좋고, 이미지나 동영상을 활용해도 좋다. 많은 사람들에게 공감을 얻을 수 있도록 준비하는 것이 중요하다.

2단계 크라우드 펀딩 플랫폼을 선정해야 한다. 각 플랫폼마다 주력으로 하는 분야가 있고 이용층에 약간씩 차이가 있다. 사이트를 둘러보면서 자신에게 가장 맞는 플랫폼이 어딘지 찾아보자.

3단계 플랫폼에 자신의 프로젝트를 등록하고 심사 과정을 거쳐야 한다. 이 때 중요한 것은 적절한 목표금액을 설정하고 이 돈을 어디에 쓸 것인지, 그리고 후원 금액별 리워드는 어떤 것을 줄 것인지 세부 사항들을 책정하는 것이다. 터무니없는 목표 금액은 프로젝트 실패 원인이 된다. 매력적인 리워드와 적절한 금액 설정이 프로젝트 성공 여부를 좌우할 것이다.

4단계 플랫폼에서 심사를 통과하고 나면 프로젝트가 올라가고 후원금 모집이 시작된다. SNS 등을 통한 홍보도 적극적으로 병행되어야 한다.

5단계 프로젝트 기간이 종료되고 모금이 성공하고 나면 후원금을 받아 작품을 제작할 수 있게 된다. 후원자들과 크라우드 펀딩 플랫폼에 지속적으로 진행 상황을 공유하고 추후 약속한 리워드도 반드시 이행해야 한다. 만약 모금 목표에 도달하지 못하게 되면 모였던 금액은 후원자들에게 환불된다. 플랫폼 마다 조금씩 다르지만 크라우드 펀딩의 기본 조건은 All or Nothing으로 펀딩에 실패하면 전액 환불된다.

그렇다면 이런 멋진 이야기를 세상에 태어날 수 있게 후원하고 싶을 때는 어떻게 해야 할까?

1단계 마음에 드는 크라우드 펀딩 플랫폼을 찾아가보자. 다양한 분야에서 여러분의 후원을 기다리고 있는 프로젝트들이 있을 것이다. 관심있는 프로젝트를 꼼꼼히 살펴보면서 실현 가능성이 있는지, 어떤 의미가 있는지 살펴보자.

2단계 공감이 가는 프로젝트가 있다면 후원 금액을 결정해야 한다. 프로젝트마다 후원금만 주는 경우도 있고 후원 금액대별로 리워드를 선택할 수 있는 경우도 있다. 원하는 금액을 선택하고 결제 정보를 입력하면 너무나 손쉽게 여러분이 원하는 문화예술에 후원할 수 있다.

3단계 대부분의 크라우드 펀딩은 여러분이 후원한 순간에 결제가 이루어지지는 않는다. 목표 금액에 도달했을 경우에만 정해진 날짜에 결제가 이루어지고 리워드를 받기까지 꽤 오랜 시간 기다려야 할 수도 있다. 크라우드 펀딩은 이미 만들어진 것을 구매하는 것이 아니라 가능성을 사는 것이다. 여러분이 후원한 프로젝트가 어떤 결과물을 만들어낼지 지켜보는 관심 또한 그 작품에 대한 후원이 될 것이다.

4. 2021 트렌드 예측: 밀레니얼 세대의 새로운 소비 방식으로

크라우드 펀딩은 제작 측면에서 초기 자본을 확보하기 힘든 문화예술 분야의 기획자들이 보다 빠르고 유연하게 재원을 마련할 수 있다는 점에서 매력적이다. 또한 크라우드 펀딩 플랫폼 자체가 가지고 있는 영향력을 통해서 자신의 프로젝트를 홍보할 수 있는 기회도 된다. 소비 측면에서는 콘텐츠 제작 초기부터 자신이 가치 있다고 생각하는 아이디어에 지지를 표현할 수 있는 적극적 개입이 가능하다는 점에서 긍정적이다.

최근에는 다양한 방식의 크라우드 펀딩이 생겨나고 있지만 목표치에 도달하지 못하면 펀딩이 이루어지지 않는 기본적 방식은 마치 민주주의 사회의 선거 원리와도 같다. 아무리 좋은 공약을 내걸어도 투표를 통해 당선되지 못하면 그 공약은 무효가 된다. 크라우드 펀딩도 아무리 번뜩이는 아이디어를 가지고 있어도 여러 사람들의 공감을 얻지 못하면 펀딩에 실패하게 되는 것이다. 텀블벅의 평균 펀딩 성공률은 65% 정도이다. 이 말은 반대로 실패할 확률도 35%에 이른다는 것이다. 이 아이디어를 어떻게 발전시키고, 후원금을 어떻게 사용할지 펀딩 참여자들을 적극적으로 설득하지 못하면 그 프로젝트는 실패할 확률이 높다.

크라우드 펀딩을 통한 문화예술 콘텐츠 제작이 급속도로 성장하고 있지만 그에 따른 우려도 많다. 펀딩에 성공하여 후원금이 모금되었을 때 그 돈이 어떻게 사용되었는지 투명하게 공개되는 경우는 드물다. 목표 금액을 훨씬 넘어 많은 후원금이 들어온 경우에도 약속했던 사용처 외에 추가로 어디에 사용되는지 알 수가 없다. 그리고 가끔 펀딩에 성공하였는데도 실제 결과물이 나오지 않거나 나오더라도 그 질이 현저히 떨어지는 경우가 발생한다. 아이돌 관련 펀딩의 경우 주로 참여하는 팬층이 10대임에도 불구하고 참여 금액이 굉장히 높게 책정되어 지나치게 상업적으로 변질되었다는 비판이 나오기도 한다. 각 프로젝트가 가지는 의미와 펀딩의 필요성이 보다 명확하게 공개되는 것이 필요하다.

글로벌 크라우드 펀딩 시장 분석(The Global Crowdfunding Market Report) 자료에 따르면 2018년 전 세계 크라우드 펀딩 시장은 102억 달러였으며, 2025년까지 연 평균 16% 성장할 것으로 예측한다.[22] 남들과 다른 나만의 것을 찾고 싶어하고, 자신이 원하는 것에는 아끼지 않고 투자하는 밀레니얼 세대들의 소비 성향과 딱 맞아 떨어지는 크라우드 펀딩은 2021년에도 지속적으로 성장할 것으로 기대된다. 양적 성장뿐만 아니라 펀딩 분야도 점차 다양화될 것으로 예상된다. 장르를 넘나드는 실험적인 문화예술 프로젝트부터 몇 년간 지속되고 있는 레트로 열풍에 힘입어 80~90년대 콘텐츠 관련 프로젝트도 인기를 얻을 전망이다. 또한 팬들이 직접 만드는 프로젝트처럼 보다 더 적극적으로 참여하는 소비자층이 등장할 것으로 보인다. 후원자들의 참여를 높이기 위한 참신한 리워드 개발이나 SNS를 통한 신박한 홍보 방법도 2021년 크라우드 펀딩 시장의 관전 포인트가 될 것이다.

크라우드 펀딩 플랫폼은 이제 제작자들이 자금을 모으는 창구에서 제작자와 후원자들의 소통창구로 진화해가고 있다. 이들이 만들어가는 문화예술계의 다양성이 더욱 기대된다.

4 40년생, 그들의 지치지 않는 도전

추석 연휴 KBS에서 방영된 〈2020 한가위 대기획 대한민국 어게인 나훈아〉 콘서트는 전국 시청률 29%에 달하는 인기를 얻었다. 물론 가수 나훈아의 인기는 하루 이틀 된 일이 아니다. 부모님께 효도 한 번 해보려고 콘서트 티켓이라도 구하려면 아이돌 가수에 못지 않는 노력이 필요하다. 그러나 이번 콘서트는 방송 이후에도 그의 언행이나 음악들이 오랫동안 회자되며 남다른 영향력을 보이고 있다. MBN 〈오래 살고 볼일-어쩌다 모델〉에서는 시니어 모델을 뽑는 오디션 프로그램을 시작했고, 젊은 사람들의 전유물 같았던 유튜브와 SNS에서도 시니어 인플루언서들의 영향력이 점차 커지고 있다.

구글의 공동창업자 세르게이 브린(Sergey Brin)은 "죽음을 정복하겠다"며 노화 연구에 엄청난 투자를 하고 있다. 그리고 이제 100세를 넘어 120세까지 사는 삶을 준비해야 한다고들 하는데, 진시황이 그토록 바라던 불로장생이 정말 현실화되는 것일까? 점차 길어지는 노년을 우리는 어떻게 살아야 하는 것일까?

2019년 서점가를 강타했던 베스트셀러 중에는 《90년생이 온다》가 있었다. 90년대에 태어난 밀레니얼 세대들이 사회생활을 시작하면서 기성세대와는 다른 이들만의 문화를 다룬 내용에 많은 사람들이 공감했다. 그런데 한편에서는 그동안 문화생활 소외층으로 분류되던 시니어들이 어느새 콘텐츠의 제작에서부터 소비까지 이르는 전 과정에서 주체적인 존재로 급부상하고 있다. 시니어들의 문화생활이라고 하면 문화센터, 자원봉사 정도로 여겨졌던 것은 옛날 이야기이다. 시니어들이 들려주는 그들의 이야기에 사람들의 관심이 높아지고 있다. 바야흐로, 40년생이 온다.

1. 트렌드의 발견: 내 나이가 어때서

인기 실버 유튜버

'실버 유튜버'라는 표현을 들어본 적이 있는지 모르겠다. 실버 유튜버는 구독자 10만 명을 돌파하면 유튜브에서 보내주는 실버 버튼을 받은 유튜버가 아니다. 풍부한 삶의 경험과 오랜 연륜에서 나오는 에너지를 가지고 젊은 세대와의 소통하는 시니어 유튜버를 뜻하는 단어이다.

국내 실버 유튜버의 시초 격인 박막례 유튜버의 'Korea Grandma' 채널은 구독자 130만 명이 넘은 대형 인기 채널이다. 무심한 듯하지만 솔직하고 애정 넘치는 모습에 구독자들은 열광한다. 할머니가 치매 위험군이라는 이야기를 듣고 잘 다니던 회사를 퇴직한 손녀와 떠난 호주 여행기가 채널의 첫 영상이다. 이후 재미삼아 찍어본 메이크업 영상이 화제가 되며 손녀와 할머니는 한 팀이 되어 크리에이터로서의 삶을 살고 있다. 버블티를 마시며 징그럽다고 표현하는 모습처럼 가끔은 '팩폭'이라고 느껴지기도 하고 또 한편으로는 사이다 같기도 한 영

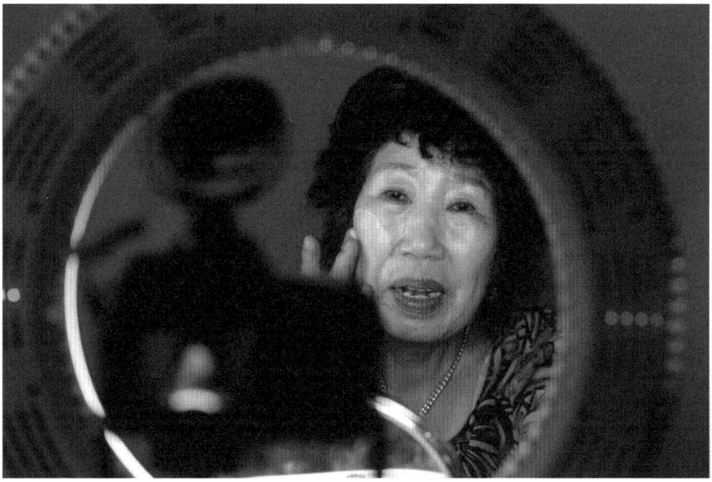

시니어 인기 박막례 유튜버

상들이 'Korea Grandma'의 매력이지 않나 싶다. 채널이 인기를 얻으면서 책도 출간하고, 광고도 찍고, 유튜브 CEO를 직접 만나기도 한 박막례 유튜버는 "이 나이에 나도 하는데 못할 게 뭐가 있겠느냐"라며 젊은이들을 격려한다. 남의 시선을 의식하지 말고 본인이 원하는 것을 하라고 말해주는 우리 할머니의 조언 같은 말들이 젊은 세대들이 박막례 유튜버를 좋아하는 이유이기도 하다.

먹방계의 샛별을 넘어 대세라고 하는 김영원 유튜버의 '영원씨 01SEE' 채널은 구독자 33만 명 이상의 인기 채널이다. 치킨, 회, 떡볶이를 비롯해 최근 유행하는 각종 음식까지 종류를 불문하고 먹방 분야를 섭렵하고 있다. 박막례 유튜버의 채널처럼 '영원씨 01SEE' 역시 손녀가 할머니와의 추억을 남기기 위해 만든 채널이다. 다른 인기 먹방 유튜버들과는 달리 자극적인 것은 없지만 정겨운 할머니의 모습이 인기 비결이다. 촬영 중 친구들이 집에 놀러와 당황하는 모습처럼 영상에 고스란히 담긴 자연스러움에 구독자들은 친근함을 느낀다.

실버 유튜버에게 장르의 한계는 없는 것 같다. 플레이스테이션 언박싱을 하는 일본의 90세 유튜버 모리 하마코는 최고령 게임 유튜버로 기네스북에 올랐다. 90년생이 아니고 90세가 맞다. CNN은 모리 하마코가 운영하는 'Gamer Grandma' 채널에 대해 온라인에서 '컬트(cult·특정 대상에 열광하는 문화 현상)'에 가까운 인기를 끌고 있다고 표현할 정도이다. 게임의 즐거움을 다른 사람들과 공유하고 싶어 유튜브를 시작했다는 모리 하마코 유튜버는 45만이 넘는 구독자를 확보하고 있다. 그녀 역시 손자와 함께 영상 작업을 진행하고 있는데, 구독자들과 끊임없이 소통하면서 콘텐츠를 제작하고 있다.[23] 나이가 들어도 자기가 좋아하는 것에 몰입할 수 있다는 것을 몸소 보여주며 게임은 젊은 사람들만 즐기는 것으로 여기던 우리들의 선입견을 깬다.

이 밖에도 한 분야의 최고 전문가로 쌓아왔던 오랜 경험과 지식을 전달해주는 실버 유튜버들도 있다. 전직 대법관 출신 박일환 유튜버는 '차산선생법률상식'이라는 채널을 통해 34년간 법관으로 생활하면서 쌓은 지식들을 영상으로 전한다. 대법관 퇴임 이후 자신의 삶을 돌아보는 자서전을 써볼까 하는 그에게 딸이 유튜브를 권했다고 하는데, 최근 한 예능 프로그램에서 댓글 청정 지역으로 화제가 되기도 하였다. 비밀 녹음이나 부모의 빚과 같이 구독자들의 일상 속에서 궁금해하는 법률 지식을 다루는 영상들이 인기를 끌고 있다.

우리나라 최초의 밀라노 유학생이며 50여 년의 디자이너 경력을 가지고 있는 '밀나논나' 채널의 장명숙 유튜버도 주목받고 있다. 누구나 들으면 알 만한 해외 브랜드를 국내에 런칭한 주역이며 유명 패션 브랜드들의 고문으로 쌓아온 노하우들을 영상으로 전달한다. 그저 세련된 그래니룩(granny look, 노년의 패션 요소들을 세련되게 재해석한 것)이 아니라 20-30대들이 따라해도 전혀 어색하지 않은 패션 센스와 유용한 디자인적 지식들이 인기 요인이다. 앞서 언급한 실버 유튜버들의 영상들은 아마추어적이지만 자연스러운 모습을 담았다면, '밀라논나'는 감각적인 영상으로 더욱 눈길을 끈다. 또한 그동안 워킹맘으로, 커리어우먼으로 치열하게 살아오면서도 끊임없이 도전하고 자신의 인생을 찾아가는 모습에 구독자들은 미래 자신의 모습을 투영시키며 대표적인 워너비 시니어로 자리하고 있다.

미디어에 비친 시니어

미디어에서 시니어를 바라보는 시각이 바뀌기 시작한 것은 tvN의 〈꽃보다 할배〉에서부터라고 할 수 있을 것 같다. 이 프로그램의 기획을 처음 봤을 때는 과히 신선한 충격이었다. 그동안 미디어에서 다루던 시니어의 모습은 누군가의 부모이거나 할아버지, 할머니 정도였던 것이 사실이다. 때로는 근엄한 아버지였고 조선시대의 왕이기도 했던 원로배우들이 배역의 무게를 벗고 함께 모여 배낭여행을 떠나는 모습은 한 번도 상상해보지 못했던 접근이었다. 배우 이서진이 여행을 계획하고 안내를 하는 조력자 역할을 했지만, 원로배우들이 보다 주체적으로 여행을 대하는 자세와 그 안에서 들려주는 진솔한 이야기들이 폭발적인 인기를 끌었다.

2019년에 방영된 JTBC 드라마 〈눈이 부시게〉 역시 그간 원로배우가 출연하던 다른 드라마와는 사뭇 다른 느낌이다. 이 드라마를 통해 제55회 백상예술대상 대상을 수상한 배우 김혜자는 배우 한지민과 2인 1역으로 더블 캐스팅되었다. 20대의 주인공이 어떤 사건을 계

tvN 예능 〈꽃보다 할배〉

기로 주어진 시간을 다 쓰지 못하고 갑자기 70대가 되는 극 중 설정으로 배우 김혜자는 20대를 연기한다. 갑자기 늙어버린 몸과 자신을 바라보는 주변의 시선을 통해 점차 나이 듦을 받아들이는 과정이 무겁지 않게 다루어진다. 이를 통해 드라마는 노년층을 바라보는 사회적 시선에 대해 우리에게 생각할 거리를 던져준다. 노쇠하고 무기력해 보이던 할머니, 할아버지들이 자신의 역할을 해내며 살아왔던 시간의 의미를 증명하는 모습들은 과히 노(老)벤져스라고 불릴 만해 보인다.

2016년 방영된 tvN 드라마 〈디어 마이 프렌즈〉에서는 시니어들의 이야기를 보다 전면으로 내세운다. 이들을 대놓고 '꼰대(권위적인 기성세대를 비하하는 은어)'라고 부르면서도 드라마의 주 흐름을 차지하는 것은 그들의 이야기이다. 이처럼 최근의 방송 콘텐츠 제작 환경에서 중장년층이 차지하는 비중은 현저히 높아졌다.

〈꽃보다 할배〉를 통해 촉발된 시니어 예능은 최근 예능계의 새로운 트렌드를 만들어가고 있다. SBS 〈미운 우리 새끼〉에서는 연예인 출연자들의 어머니가 등장하여 엄마들의 속마음을 대변하고, 최근 시즌2가 방송되고 있는 KBS2 〈박원숙의 같이 삽시다〉는 중장년 배우와 가수들이 출연하여 솔직한 입담으로 화제에 오르고 있다. 이들은 그간 방송에서 드러내지 않았던 고민과 상처를 털어놓으며 서로를 위로한다.

시니어들이 출연하는 예능 프로그램은 세대 융합 콘텐츠의 역할을 하기도 한다. 젊은 세대들에게 인기있는 문화를 시니어들이 체험하는 모습을 담은 MBN 〈오늘도 배우다〉에서는 중년 배우들이 VR게임, 코인노래방 등을 체험한다. 젊은 세대에게는 너무나 익숙한 문화들이 그들에게는 서툴고 어려워 웃음을 자아내지만 그것이 결국 서로를 이해해 나가는 과정이 된다. tvN 〈나이거참〉 역시 어린이들과 할아버지가 함께 우정을 쌓아간다는 컨셉으로 전 세대를 아우른다. 이러한 세대 융합 콘텐츠는 아이부터 어른까지 폭넓은 시청이 가능하다는 점에서 방송가에서 더욱 관심을 가지는 장르이기도 하다.[24]

시니어들의 문화소비

문화콘텐츠 측면에서 본다면 이제는 시간이 소비력이 되는 시대가 왔다. 월 구독 서비스를 통해 콘텐츠 단가는 한없이 낮아졌고, 유튜브 영상은 광고 보는 시간만 투자하면 공짜로 즐길 수 있다. 즉, 시간이 곧 문화 소비의 핵심 자원이 된 것이다. 영화를 보고 싶지만 바빠서, 콘서트를 가고 싶지만 시간이 맞지 않아서 가기 힘든 젊은 세대와 달리 시간적 여유가 있는 시니어들이 이제 문화콘텐츠의 중요한 소비자로 부상하고 있다.

능숙하게 스마트폰을 사용하는 시니어들이 증가하면서 콘텐츠 앱을 활용하여 문화 소비를 하는 시니어들도 늘어나고 있다. 50~70대의 데이터 이용량 증가 속도가 10~40대 데이터 이용량 증가 속도와 거의 동일하게 나타나고 있으며, TV조선 〈미스터트롯〉에서 보듯이 선호하는 콘텐츠에는 적극적이고 아낌없이 소비한다. 문화 소비 패턴 변화에 민감한 통신사들은 앞다투어 시니어 전용 프로그램을 개발하고 있으며, LG유플러스가 고객들을 대상으로 진행한 설문 조사에서는 건강 및 운동(49%), 여행(39%), 저축, 주식, 부동산 등의 가계금융(39%)이 시니어들의 주요 관심사로 나타났다.

최근 문화체육관광부에서 발표한 문화향수실태조사 결과를 보아도 60대 이상의 문화예술 관람률의 상승폭은 두드러진다. 자료에 따르면 '2018년 문화예술 관람률'은 2016년 대비 60대는 9.0%포인트, 70세 이상은 7.5%포인트가 각각 증가하여 60대 64.7%, 70세 이상은 46.9%로 나타났다.[25] 뮤지컬 공연장이나 미술관에 가보면 친구들과 삼삼오오 관람을 하러 온 시니어들을 자주 만날 수 있기도 하다.

그레이네상스(노년(Grey), 르네상스(Renaissanse)의 합성어), FAST 시니어(경제력(Financial), 활동적(Active), 자기관리(Self-management), 시간(Time)을 갖춘 시니어), 오팔세대(활동적인 시니어(Old People with Active Lives)의 축약어) 등 다양한 신조어로 대변되는 문화콘텐츠 시장에서의 시니어들의 존재감은 이제 간과할 수 없는 큰 흐름이 된 듯하다.

2. 트렌드의 이해: 48년생 김영수와 박순자

40년대생들은 누구인가?

48년생 김영수와 박순자. 1948년도에 태어난 사람들 중 가장 많이 쓰이고 있는 이름은 남자는 '영수', 여자는 '순자'라고 한다.[26] 이들은 일제강점기부터 6.25전쟁, 군부독재, IMF, 두 번의 올림픽까지 한국 근현대사의 굵직한 사건들을 몸소 겪어온 사람들이다. 농경사회에서부터 산업사회, 4차 산업혁명까지 모두 거쳐온 이들은 전쟁의 폐허에서 영화 〈국제시장〉의 주인공들처럼 우리나라를 일으켜 세운 경제 주역이기도 하다. 이들은 해방 전후에 태어나 미국 문화의 영향을 많이 받았으며 히피, 모던 포크, 록음악과 같은 대중문화와 함께 젊은 시절을 보낸 세대이기도 하다. 아직도 우리 대중문화에 큰 영향을 미치고 있는 비틀즈, 퀸 그리고 나훈아도 모두 40년대 생이다.

한국 경제가 폭발적으로 성장하던 70년대에 막 사회에 진출하기 시작한 이들은 아파트가 주 거주 형태가 된 1세대이기도 하고 이를 통

1970년대 서울의 백화점과 아파트 풍경

해 자산을 늘린 세대이기도 하다. 그리고 중년이 되어 IMF 외환위기를 겪으면서 준비 안 된 빠른 은퇴를 맞닥뜨렸다. 그들의 일생에서 통신수단은 1946년 수동식 전화교환기에서 다이얼식 전화기, 삐삐, 무선전화기, 스마트폰까지 변해왔고, 교통수단은 해방열차에서 자율주행차까지 진화해왔다.

상전벽해(桑田碧海)라는 표현으로는 부족할 만한 변화를 겪어온 이들은 이전 세대와는 달리 대중매체에 익숙하며 자신들만의 문화를 만들어가고 향유하며 젊은 시절을 보내왔다. 따라서 나이가 들었다 하더라도 뒷방 늙은이처럼 지내는 것이 아니라 변화를 받아들이고 사회에서 자신의 역할을 찾기 위해 노력하는 경향이 있다. 젊은 시절 이루어 낸 성과에 대한 자신감을 바탕으로 연륜을 뽐내며 정치, 경제권에서도 아직 40년생의 활약이 계속되는 것을 보아도 알 수 있다.

크리에이티브 에이징

우리나라가 고령화 사회를 넘어서 '초고령화' 사회로 급속히 진입하고 있다는 뉴스는 수도 없이 들어왔다. 그럼에도 불구하고 우리는 오랫동안 노인을 사회적인 약자, 수동적인 존재로만 바라보는 경우가 많았다. 이러한 부정적인 시각 때문에 최근의 시니어들은 자신들이 노인으로 정의되는 것을 원치 않는다. '지공거사(地空居士)', 만 65세가 되면 지하철 요금을 내지 않아도 되는 시니어들을 일컫는 단어이다. 최근에는 경제력이 있는데 왜 부담을 다른 이들에게 지우냐며 '지공거사'가 되기를 자발적으로 거부하는 사람들도 늘어나고 있다.

노년층을 부르는 호칭도 다양해져 어르신, 중장년, 시니어, 실버 등 부정적 느낌을 주지 않는 단어를 찾기 위해 애쓰고 있다. 2010년대

노년기의 문화예술 활동은 삶의 질을 높인다

초반에는 '액티브 시니어'라는 개념이 등장하기 시작했다. 이들은 은퇴 후에도 자산, 저축, 연금 등 일정한 수입을 가지고 있고, 따라서 충분한 소비력도 갖추고 있다. 또한 한참 경제 활동을 하던 때와는 달리 시간적 여유도 생겨서 여가 활동을 즐길 시간이 많아졌다. 자신을 위한 투자도 하면서 때로는 손자 손녀들을 위해 과감한 소비를 하기도 하는 활동적인 시니어들을 우리는 '액티브 시니어'라고 부른다.[27]

시니어층의 문화 활동은 노년기의 삶의 질을 높이는 중요한 여가 활동으로 여겨진다. 전문적인 문화예술 활동에 참여한 시니어들은 우울감과 고독감이 해소되고 이런 정신적 건강이 신체적 건강으로도 이어진다는 연구 결과도 나오고 있다. 오랫동안 사람들은 나이가 든다는 것을 그저 퇴화하는 과정으로 여기곤 했다. 그러나 최근에는 나이가 들어도 꾸준히 성장할 수 있다는 가능성을 바탕으로 시니어들의 창조적인 활동이 노년의 새로운 패러다임을 만들어 낸다는 접근이 높은 관심을 받고 있다. 이 개념을 우리는 '크리에이티브 에이징(Creative

Aging)'이라고 하며 창의성이 시니어들의 삶에 새로운 의미를 만들어 낸다고 이야기한다.[28] 따라서 길어진 노년의 삶 속에서 사회적 관계를 이어가며 웰빙(Well-being)하기 위해서는 시니어들의 적극적인 문화 활동이 필수적이다.

3. 트렌드의 확장: 떠나는 시니어들

코로나19 여파로 잠시 주춤해지긴 했지만 은퇴 이후 시간적 여유가 많아지면서 여행을 즐기는 시니어들이 증가하고 있다. 시니어 여행의 가장 큰 특징은 성수기, 비수기를 구분하지 않고 떠날 수 있다는 점이다. 그리고 주로 효도 관광, 동창회 관광처럼 단체여행 위주였던 과거의 여행 패턴과는 달리 자유여행객이 증가하고 있는 것도 주목할 만한 부분이다. 항공권과 숙소만 예약하고 자신이 원하는대로 계획을 짜서 떠나는 시니어들이 점차 늘어나고 있다.

2020년 3월에 출간된 안정훈 작가의 《철부지 시니어 729일간 내 맘대로 지구 한 바퀴》는 긴 제목 그대로 무대책으로 배낭여행을 떠난 한 시니어의 여행기이다. 만 65세에 편도 비행기 티켓만 한 장 끊어 러시아에서부터 시작한 그의 여정은 유럽, 중남미, 캐나다, 아시아 그리고 오세아니아까지 이어졌다. 시니어들이 은퇴 후에 가장 하고 싶은 여가 활동 중 하나가 여행이지만 사실 선뜻 도전하기 어려운 것도 여행이다. 건강, 언어, 낯선 환경, 음식 등 익숙하지 않은 것들에 도전한다는 것은 누구에게나 쉽지 않다. 그러나 저자는 무작정 떠난 여행에서 여러 난관을 겪으면서도 그 과정에서 지병이었던 당뇨, 고혈압도 사라지고 다른 무엇과도 바꿀 수 없는 성취감과 행복감을 얻었다고 한다. 그리고 무엇보다 여행을 하면서 스스로가 성장해 나가고 있음을 느낄 수 있었다고 한다.

하지만 여전히 새로운 도전이 두려운 시니어들을 위한 재미있고 유용한 교육 프로그램도 있다. '시니어 꿈꾸는 여행자 과정'은 60세 이상 액티브 시니어들을 대상으로 한 여행 문화 교육 프로그램이다. 문화체육관광부가 주최하고 한국관광협회중앙회가 주관하여 시니어들이 주도적으로 여행을 계획하고 즐길 수 있도록 도와준다. 누군가에게는 여행은 그저 마음만 먹으면 떠날 수 있는 것이지만 누군가에게는 도움이 필요한 일이기도 하다. 어려서부터 여행에 익숙하고 다양한 어플리케이션을 쉽게 사용할 수 있는 젊은 세대들에게는 여행을 떠나기 위해 교육을 받아야 한다는 사실이 낯설 수 있다. 하지만 이 프로그램은 시니어들의 새로운 도전을 위해 전문가 교육부터 멘토링, 여행 실비까지 지원해준다. 2019년 수강생 모집 당시 11대 1에 달하는 경쟁률을 기록했다고 하니 자신만의 여행을 떠나고 싶어하는 시니어들이 얼마나 많은지 느낄 수 있다.[29] 사진가, 여행작가 등 각 분야의 전문가들이 전해주는 여행 노하우를 통해 자신감을 얻게 된 시니어들이 손자, 손녀들에게 여행의 꿀팁을 알려줄 수 있다면 얼마나 뿌듯하겠는가?

4. 2021년 트렌드 예측: 솔직함, 새로움, 워너비

솔직함, 새로움, 그리고 워너비.

시니어 콘텐츠가 인기를 얻는 이유는 이렇게 세 가지로 키워드로 정리해 볼 수 있다.

인기를 얻고 있는 콘텐츠 속 시니어들의 모습을 가만히 살펴보면 영상 속 그들의 모습은 솔직하다. 모르는 것을 굳이 감추려고 하지 않고, 마음에 들지 않는 것은 싫다고 분명하게 말한다. 젊은 세대에게는 난감할 수 있는 표현들이 그들에게는 거리낌 없다. “이 나이 먹어서까지 남의 눈치를 왜 봐?”라는 직설화법에 우리는 속 시원함을 느낀다.

그리고 그들이 만들어내는 콘텐츠에는 젊은 세대들에게는 없는 삶의 경험과 연륜이 녹아 있다. 과거에는 스승과 제자, 시어머니와 며느리, 직장 상사와 신입의 관계에서 경험의 전달이 이루어졌다면, 이제는 영상을 통해서 시니어들의 지혜를 전수받는다. 자칫하면 꼰대들의 잔소리로 여겨질 수 있는 이야기들이 함께 즐길 수 있는 놀이로 진화하고 있다. ‘Korea Grandma’ 박막례 유튜버는 “뭐 또 이런 걸 해달라고 하냐”고 타박하면서도 툭툭 비빔국수 만드는 방법을 알려주고, ‘밀라논나’ 장명숙 유튜버는 “할머니가 좀 이야기 해줄게요”라며 각 브랜드의 역사와 특징을 다정히 설명해준다.

젊은 세대들은 시니어 콘텐츠를 보면서 자신의 할머니를 떠올리기도 하고, 롤모델을 발견하기도 한다. 영상 속 시니어들의 모습에 자신의 미래를 대입시켜 보며 멋지다고 생각되는 시니어의 모습을 닮고 싶어한다. 이러한 과정은 세대 간의 소통이 일어나게 하고 갈등을 완화시키는 다리 역할을 한다.

온라인 상에서 자주 등장하는 ‘라떼는 말이야(‘나 때는 말이야’에서 ‘나 때’를 발음이 비슷한 ‘라떼’로 부르며 기성세대의 훈계를 비꼬는 신조어)’나 ‘꼰대’ 같은 표현들로도 쉽게 알 수 있듯이 우리나라는 현재 세대 간의 갈등이 격화되어 있다. 정치, 경제, 문화 등 많은 사회적 이슈에서 연령을 기준으로 편가르기를 하며 서로 간의 간극이 심화되고 있다. 이러한 상황에서 시니어 콘텐츠는 서로를 이해할 수 있는 좋은 계기가 되어줄 수 있어 보인다. 시니어 콘텐츠의 주 시청층이 시니어 보다는 젊은 시청자들이라는 점이 이러한 사실을 반증한다.

늘 새로운 소재를 찾아야 하는 예능 프로그램은 우리 사회의 변화를 가장 빠르게 확인할 수 있는 콘텐츠 중의 하나이다. 따라서 예능 프로그램 속에서 보여지는 시니어들의 역할을 통해 앞으로의 변화도 가늠해볼 수 있다. 최근에는 시니어들이 다양한 장르에 도전하고 다른 세대의 문화를 적극적으로 경험하며 이해하려는 모습이 두드러진다. 앞선 성공담으로 인해 새로운 실버 유튜버들의 도전은 계속될 것으로 예상된다. 그리고 그들이 다루는 소재에도 제약이 없어져 쿡방(요리방송), 홈트(홈트레이닝), 여행기 등 다양한 분야에서 두각을 나타낼 가능성이 높다. 그리고 코로나19 이후에는 연극, 뮤지컬 등과 같은 공연예술 분야에서도 자신들만의 목소리로, 자신들의 이야기를 들려주는 시니어들이 증가할 것으로 기대된다. 그리고 그러한 모습들을 보면서 젊은 세대들은 함께 공감하고 즐기며 노년의 삶에 대해 긍정적으로 생각해 볼 수 있는 기회를 갖게 될 것이다.

5 한류, 콘텐츠를 넘어 플랫폼으로

코로나19로 인해 각 국가들은 국경을 봉쇄했고 사람들은 바야흐로 반세계화(deglobalization) 시대가 도래했다고 말하고 있다. 그런데 오히려 문화 시장에서는 인류 역사상 그 어느 때 보다도 국경이 사라지고 활발한 교류가 이루어지는 세계화 시대가 왔다. 사람들이 집에 머무는 시간이 많아지면서 OTT(Over The Top, 인터넷을 통해 미디어 콘텐츠를 제공하는 서비스) 플랫폼을 통해 세계 각국의 영화, 드라마, 뮤직비디오 등을 손쉽게 접하고 있고 국적에 상관없이 좋은 콘텐츠를 찾아보는 형태로 소비 패턴이 변하고 있다.

이러한 시장의 변화가 한국 문화콘텐츠의 해외 진출에 날개를 달아준 것으로 보인다. 하루에도 몇 번씩 한국 드라마나 음악에 빠진 해외 팬덤에 대한 기사가 보도되고, 미국인의 한국에 대한 호감도는 1978년 조사를 시작한 이래로 최고 점수를 기록했다.[30] 한국의 코로나19 대응 방식과 K-pop의 인기, 영화 〈기생충〉 등 한국 문화의 긍정적인 영향이 호감도를 높인 주요 원인으로 꼽혔다.

20세기를 대표하는 비디오아티스트 백남준은 왜 조국을 놔두고 외국에서만 활동하냐는 기자의 질문에 이렇게 대답했다. "문화도 경제처럼 수입보다 수출이 필요해요. 나는 한국의 문화를 수출하기 위해 외국을 떠도는 문화 상인입니다."[31] 1984년에 이미 문화 수출의 중요성을 언급했던 세계적 거장의 말처럼 우리는 지금도 한국 문화를 해외에 알리기 위해 부단히 노력 중이다.

그렇다면 이쯤에서 우리는 의문을 가져본다. 정말 해외에서 한국의 문화에 이처럼 열광적인가? 아니면 그렇게 되기를 바라는 우리의 바램인 것일까? '제4의 한류', '신한류'라고까지 불리는 지금의 현상을 자세히 살펴보자.

1. 트렌드의 발견: 하나의 장르가 된 한국 대중문화

K-Drama와 K-pop 열풍

최근 해외에서 한국 문화콘텐츠의 인기는 드라마나 영화와 같은 영상 콘텐츠와 K-pop 양 축이 이끌어가고 있다. 영상 콘텐츠의 경우 넷플릭스라는 전 세계 플랫폼을 기반으로 영향력을 높여가고 있는 양상이다. 과거에는 국내에서 인기를 끈 영화나 드라마를 해외에 판매하는 방식으로 해외 진출이 이루어졌다. 일부 콘텐츠들은 시나리오나 배우의 인지도를 앞세워 선판매되기도 했지만, 이제는 전 세계에 동시 방영이 가능한 수준으로 유통망이 발전했다.

코로나19 사태 속에서도 선전했던 조일형 감독의 영화 〈#살아있다〉의 경우 넷플릭스에 공개된 지 하루 만에 글로벌 무비 차트 2위에 올라섰고, 한국 영화 최초로 1위를 차지하는 기록을 세웠다. 배우 현빈과 손예진 주연의 tvN 드라마 〈사랑의 불시착〉의 경우 일본, 필리핀, 대만 등에서 열풍을 일으키고 있다. 특히 일본에서는 과거 신드롬을 일으켰던 〈겨울연가〉를 넘어서는 인기를 끌면서 일본 내에서 '제4차 한류'라는 평가가 나오고 있다. 지금의 한국 콘텐츠에 대한 관심이 과거와 다른 점은 중장년 여성들을 중심으로 형성되었던 팬덤이 10대, 20대까지 확대되었다는 점이다.

《연금술사》 등의 작품으로 국내에서도 유명한 브라질 작가 파울로 코엘료도 한국 드라마에 극찬을 보내 관심을 끌었다. 자신의 SNS에 tvN 드라마 〈나의 아저씨〉에 대해 언급하며 "인간의 심리를 완벽하게 묘사한 작품"이라고 찬사를 보내 그의 팬들도 덩달아 한국 드라마에 관심을 가지게 되는 계기가 되었다. 그 밖에도 〈사이코이지만 괜찮아〉, 〈이태원 클라쓰〉, 〈킹덤〉 등 메이드 인 코리아 드라마들이 아시아권뿐만 아니라 남미, 인도 등에서도 시청률 상위권을 차지하고 있다.

K-pop의 경우 〈다이너마이트〉로 빌보드 차트 1위를 차지하며 대한민국 최초의 기록들을 쏟아내고 있는 BTS를 빼고 말할 수 없다. 비영어권 가수 최초로 빌보드 핫 100, 아티스트 100, 200 차트를 모두 석권하고 유튜브 5억 뷰 이상 뮤직비디오를 10편 보유한 BTS의 영향력은 가히 놀랍다. 블랙핑크, 트와이스 등 걸그룹도 해외에서 활발한 활동을 이어가고 있다. 일본에서는 JYP엔터테인먼트가 일본에서 진행한 오디션 프로그램인 〈니지 프로젝트(Nizi Project)〉가 2020년 상반기 청소년 유행어 1위를 차지하며 관심을 모았다.[32] 이 오디션 프로그램을 통해 결성된 신인그룹 니쥬(NiziU)는 아직 데뷔 전임에도 불구하고 온라인을 중심으로 높은 인기를 얻고 있다.

과거의 한류는 한국 콘텐츠가 가진 독창성 및 타 문화와 차별화될 수 있는 부분이 강조되었다면 최근의 한류는 전 세계인이 공감할 수 있는 보편적인 주제로 접근하고 있는 것이 특징이다. BTS가 원 히

빌보드 'HOT 100' 차트에 한국 걸그룹 최초 2곡을 동시에 올린 블랙핑크

트 원더(One-hit wonder, 한 곡만 히트시키고 사라진 가수)가 아니라 이토록 열성적인 팬덤을 이끌어갈 수 있는 이유는 그들이 음악에서 꾸준히 이야기하고 있는 편견, 억압, 해방에 관한 메시지가 전 세계 10대들의 공감을 이끌어냈기 때문이다. 미국에서는 'K-pop 팬덤'이 일종의 사회 현상으로도 평가받고 있다. 각종 SNS에서 활동하며 자신들만의 네트워크를 형성하고 있는 K-pop 팬들은 그 네트워크의 힘을 이용해 사회적 목소리를 내고 있다. 미국에서 경찰의 과잉 진압에 희생된 시민의 사건을 계기로 촉발된 '흑인 목숨도 소중하다(Black Lives Matter)' 캠페인을 지지하며 BTS와 소속사인 빅히트엔터테인먼트가 100만 달러를 기부하자 팬클럽인 아미도 같은 금액을 모금하는 '매치 어 밀리언(Match a million)' 캠페인을 벌여 100만 달러 이상의 성금을 모았다. 또한 인종차별 반대 시위 관련 제보를 해달라고 한 미국 댈러스 경찰 트위터에 K-pop 팬들이 자신이 좋아하는 가수의 사진을 보내며 항의의 메시지를 전달한 경우도 있었다. 이처럼 최근의

한류 팬덤은 자선활동이나 기부를 통해 자신이 좋아하는 스타의 이미지에 긍정적인 영향을 미치려고 하고, 나아가 자신들이 지지하는 가치에 함께 사회적인 목소리를 내는 방식으로 변화하고 있다.

해외 콘텐츠 속 한국 문화

영화 〈트롤: 월드 투어(Trolls World tour)〉 편을 보다 보면 귀에 익숙한 리듬에 맞춰 춤을 추는 트롤이 등장한다. 바로 K-pop 트롤이다. 클래식, 락, 컨트리 뮤직과 같은 주류 음악은 아니지만 재즈, 레게 트롤들과 함께 음악적 다양성을 보여준다. K-pop이 음악 장르 중 하나로 확고히 자리 잡았음을 확인할 수 있는 장면이다. 멤버들 각각이 다른 색으로 염색한 머리, 칼 군무 등 해외에서 인식되고 있는 K-pop의 모습을 살펴보는 재미가 있다. 함께 영화를 보던 아이들이 한국 가수가 나왔다며 즐거워하는 것은 덤이다.

또한 할리우드 애니메이션 영화 〈스파이 지니어스(Spies in Disguise)〉에는 한국 문화에 심취해 있는 주인공이 등장한다. 주인공은 한국 드라마를 본방 사수하고, K-pop을 즐겨 듣는 광팬이다. 극중 '서울의 열정'이라는 가상의 한국 드라마가 등장하는데 "날 밀어낼 수 없어", "왔군요"와 같은 한국어 대사와 한국 드라마의 결정적 장면에서 자주 보이는 카메라 구도 등이 짧은 순간이지만 존재감을 발휘한다. 또한 주인공이 일을 하며 듣는 음악으로는 트와이스의 〈Knock knock〉이 흘러나와 반갑기도 하다.

한편, 캐나다 CBC에서 방영되고 있는 〈김씨네 편의점(Kim's Convenience)〉은 토론토에 거주하는 한국 이민자의 모습을 다룬 시트콤이다. 한국계 캐나다인 작가 인스 최(Ins Choi)의 동명 연극을 원

캐나다 스크린 어워드에서 수상한 〈김씨네 편의점〉 주연 폴 선형 리

작으로 한 이 프로그램은 2016년부터 시작하여 2020년 현재 시즌 4까지 방영되었다. 넷플릭스로 서비스되면서 국내에서도 인기를 얻어 2019년 서울드라마어워즈 초청을 계기로 출연진이 내한하기도 했다. 해외 교포사회에서 흔히 볼 수 있는 가족의 모습을 자연스럽게 보여주면서도 이민자의 삶에 치우친 내용이 아니라 모두가 공감할 수 있는 가족의 이야기가 인기 비결이라는 평이 많다. 그럼에도 불구하고 드라마에는 한국 특유의 정서가 자주 등장한다. 빨간 펜으로 이름을 쓰기 꺼려하는 미신이라든지, 국민체조, 반일 감정을 가지고 있는 아빠의 모습 등이 그런 것이다. 한국인의 입장에서 봤을 때 왜곡되었다고 느껴지는 부분도 물론 있지만 해외에서 받아들이는 한국 문화의 모습을 보다 객관적으로 살펴볼 수 있는 기회이기도 하다.

애플이 영상 콘텐츠 제작 시장에 뛰어들면서 애플TV플러스가 한국의 일제강점기를 배경으로 한 드라마를 제작한다고 하여 귀추가 주목되고 있다. 뉴욕타임즈 베스트셀러에 올랐던 한국계 미국 작가 이민

진의 소설 《파친코(*Pachinko*)》를 원작으로 한 이 작품은 당시 일본으로 건너간 한국인 이민 가족의 삶을 다루는 드라마이다. 한국, 일본, 미국을 배경으로 4대에 걸친 역사적 서사가 담길 예정이며, 한류 스타로 해외에서도 인지도가 높은 배우 이민호가 캐스팅되어 기대감을 더욱 높이고 있다. 글로벌 엔터테인먼트 시장에서 한국인의 삶과 역사에 가지는 관심이 과거와는 확연히 달라졌음을 느낄 수 있는 대목이다.

이처럼 한국 문화가 해외 콘텐츠 시장에 미치는 영향이 높아진 것은 미국에서 아시안들의 경제력과 사회적 영향력이 높아지면서 나타난 현상으로도 볼 수 있다. 할리우드에서 큰 성공을 거둔 영화 〈크레이지 리치 아시안(Crazy Rich Asians)〉에서 볼 수 있듯이 아시아 콘텐츠에 대한 관심이 그 어느 때보다 뜨겁다. 문화적 다양성에 대한 관심 높아지고 각 국가의 배급 장벽이 낮아지면서 아시아 콘텐츠는 침체된 시장을 살릴 핵심 키워드로 부상하고 있으며, 그중 한국 콘텐츠는 힙(hip)하고 핫(hot)한 새로운 이야기로 주목받고 있다.

2. 트렌드의 원류: 김시스터즈부터 BTS까지

역사를 거슬러 올라보면 1950년대에 미8군 무대에서 인기를 얻어 미국에 진출해 성공한 '김시스터즈'를 한국 대중문화 최초의 해외 진출이라고 볼 수 있을 것 같다. 미국까지 몇 시간이 걸리는지도 모르고 비행기에 올랐던 어린 자매들은 당시 정상급 가수들만 출연하던 〈에드 설리번 쇼〉에 25번 출연할 정도로 당대 최고의 인기를 누렸다. 요즘 자주 쓰는 표현을 붙이자면 한류의 시조새라고도 할 수 있을 듯하다.

김시스터즈와 딘 마틴

본격적으로 한류(韓流, Korean Wave)라는 단어가 사용된 것은 1990년대 후반부터이다. 당시 해외 언론에서 동남아시아와 중국을 중심으로 인기를 끌기 시작한 한국 대중문화 열풍을 설명하여 사용했던 것이 그 시작이다. 국내에서 인기가 입증된 TV 방영 드라마들이 중국으로 수출되면서 〈사랑이 뭐길래〉, 〈별은 내 가슴에〉 등이 인기를 끌었고, HOT와 같이 당시 국내에서 인기 있던 가수들의 해외 진출이 활발해졌다. 한류가 태동되던 초기는 한국 문화의 정서가 아시아를 중심으로 호응을 얻던 시기라고 할 수 있다.

이후 2000년대에는 〈겨울연가〉, 〈대장금〉 등을 필두로 한류 콘텐츠의 수출이 급증하였다. 가수들의 해외 진출도 활성화되고 영화, 게임, 한식, 패션, 뷰티 등 그 장르도 다양화되었다. 시기에 따라 기복이 있긴 했지만 한국 문화에 관심을 가지는 지역과 연령층이 확대되면서 한류 콘텐츠의 저력을 키워 나간 시기이기도 하다. 이전까지 아시아의 대표 문화라고 하면 일본이나 홍콩이 주류를 이루었던 것과는 달리 한국 문화의 존재감이 해외에 인식되기 시작하였다.

2010년대에 접어들어 한류는 온라인을 통해 전 세계에서 동시다발적으로 소비되기 시작하였다. 가수 싸이의 노래 〈강남스타일〉이 그 대표적인 예로 유튜브, 넷플릭스와 같은 플랫폼은 이제 한류 확산의 핵심 수단이 되었다. 온라인 플랫폼을 통해 문화를 소비하는 것이 익숙해진 지금의 세대들은 재미있는 콘텐츠라면 국적에 크게 상관하지 않는다. 플랫폼을 통해 제공되는 공식적인 자막은 물론이고, 팬들이 직접 나서 다국어로 번역해 공유하면서 그동안 콘텐츠의 해외 진출에 가장 큰 걸림돌이었던 언어장벽 또한 급격히 낮아졌다. 이처럼 최근의 한류는 보다 폭넓고 능동적인 소비로 확장되고 있으며 이는 한국 문화에 대한 다양한 관심으로 이어지고 있다. 넷플릭스 오리지널 작품인 〈킹덤〉의 경우 작품이 인기를 얻으면서 조선시대 의복에 대한 관심

2013년 뉴욕 록펠러 플라자에서 공연 중인 가수 싸이

을 높인 예이다. 한국의 전통 복식에 익숙하지 않은 외국인들에게 드라마 속 주인공들이 쓰고 있는 갓은 '킹덤 모자(kingdom hat)'로 열풍을 일으켰다. 갓이 영어로 신을 뜻하는 갓(God)과 동음이의어라는 것이 알려지면서 SNS에서도 한동안 화제가 되었다. 이 밖에도 블랙핑크의 한복, BTS의 대취타 등 한류 콘텐츠들이 전통 문화의 다양성을 보여주면서 이제는 한국을 이야기할 때 불고기, 김치 그리고 사물놀이를 빼고도 이야기할 거리가 풍성해지고 있다.

3. 트렌드의 이면: 혐한과 국뽕

한국 문화콘텐츠가 해외 시장에서 주목받는 것과 동시에 혐한(嫌韓), 반한 감정(反韓感情) 등의 반대 작용도 나타나고 있다. 한국에 대한 부정적인 감정을 가지는 것은 해당 국가와의 역사나 정치, 외교적인 관계가 원인일 수 있다. 그리고 요즘에는 문화콘텐츠 속에서 다루어진 해당 국가의 모습이 논란이 되는 경우도 자주 보인다. 타 문화에 대한 이해가 낮아 왜곡해 표현하거나, 그럴 의도가 아니었음에도 수용하는 과정에서 오해가 발생하는 경우도 있다. 이러한 반한 감정은 비단 문화콘텐츠에 대한 비판에서 그치는 것이 아니라 재외 한국인들의 안전을 위협하거나 해외에 진출해 있는 우리 기업들의 보이콧으로 이어지며 피해를 키우기도 한다. 과거에는 인접 국가인 일본, 중국에서 주로 나타나던 반한 감정이 최근에는 소셜네트워크를 중심으로 베트남, 필리핀에서도 나타나는 경우가 증가하고 있다.

물론 어떤 문화의 영향력이 커지면 그에 대한 반작용이 일어나는 것은 자연스러운 일이기도 하다. 그러나 한류의 확산 과정에서 우리의 태도에 문제는 없었는지 한번 살펴볼 필요도 있다. 오랫동안 우리는 미국을 비롯한 선진국들의 문화를 일방적으로 받아들이는 입장에 있었는데, 이처럼 각 나라 사이의 문화 교류에서 한쪽이 종속적인 입장이 되어 일방적으로 수용하고 소비하는 경우를 '문화제국주의'로 설명할 수 있다. 대항해 시대 이후 기술력과 경제력을 먼저 갖춘 국가들이 저발전국가들을 지배하던 제국주의가 문화에서도 적용된다는 의미이다. 우리나라가 능동적인 문화수출국이 되었다는 사실은 무척 반가운 일이지만, 다른 나라를 일방적인 문화 소비 시장으로 보는 태도는 경계해야 한다. 한류를 서로의 문화를 이해하고 교류해 나가는 과정으로 보는 것이 아니라 그저 시장의 확대로 바라보면 그 반작용은 더욱 커질 수밖에 없다.

한국 내부적으로도 우리나라 문화에 대한 찬양과도 같은 시선에 비판적인 목소리가 나오고 있다. 과도한 자문화 중심주의와 애국심에 대한 경계가 필요한 시점이라는 지적이다. 온라인 커뮤니티를 중심으로 화제가 된 밈(meme) 중에는 '두유노(Do You Know) 클럽', '두유노 유니버스'라는 것이 있다. 한국인들이 자랑스러워하는 대표적인 소재들(김치, 초코파이, 뽀로로, 싸이, 손흥민 등)을 합성하여 만든 이 밈은 한국 사람들이 외국인을 만나면 우리 문화에 대해 알고 있는지 질문하는 "Do you know ○○○?" 상황을 풍자한 것이다. 가끔 기자들이 외국 유명인사들과 인터뷰를 진행할 때 맥락에 맞지 않게 이와 같은 질문을 던지는 경우가 있는데, 이런 상황을 빗댄 것이다.

최근 신조어 중에는 '국뽕'이라는 단어가 있다. '국가'와 마약인 '히로뽕(philopon)'의 합성어로 자신의 국가에 대한 자긍심에 과도하게 도취되어 있는 상태나 사람을 일컫는 말이다. 한국 콘텐츠에 대한 해외 반응이나 외국인들이 능숙한 한국어를 구사하며 한국 음식을 먹는 등 애국심을 자극하는 유튜브 채널이 증가하고 있는데 이를 국뽕 유튜브라고 부르기도 한다. 이러한 콘텐츠를 다루는 상위 20개 채널 평균 월 수익이 1,000만 원 이상, 그중 상위 3개 채널은 5,000만 원 이상으로 추정된다고 하니 국뽕 콘텐츠는 돈이 된다는 말이 전혀 근거 없는 것은 아닌 듯하다.[33]

해외를 배경으로 촬영하는 예능 프로그램을 보아도 늘 한국 문화에 관심이 많고 호의적인 외국인들로만 가득하다. 현지의 부정적인 반응에 대한 언급은 전혀 없고 우리에게 듣기 좋은 이야기만 다루는 이러한 태도는 세계 속에서 우리나라의 위치에 대한 왜곡된 시각을 만들어 낼 수 있다. 1990년대 해외 언론에서 한류에 대해 보도하기 시작하면서 우리 국민들은 오랜 수용자의 입장에서 자국 문화를 해외에 수출하는 새로운 경험을 하게 되었다. 이는 일제강점기와 전쟁 등 아픈 근현대사를 딛고 빠른 경제 성장을 일궈낸 대한민국이 문화적으로도 강국이 되었다는 점에서 커다란 자긍심이 되었다. 그리고 그것을 지속적으로 확인받고 싶어하는 심리가 '국뽕'이라는 단어에 내제되어 있다. 그러나 한국의 문화가 그저 한 때의 열풍에 지나지 않고 글로벌 문화 시장에서 단단한 한 축이 되기 위해서는 보다 객관적인 시선이 필요하다. 우리 안에 내재된 가능성과 한계를 스스로 직시할 수 있는 노력이 필요한 시점이다.

4. 2021년 트렌드 예측: 공감에 기반한 플랫폼의 확대

2020년은 예기치 못했던 팬데믹을 계기로 한국 대중문화에 대한 해외의 관심이 급증했던 시기였다. 그리고 2021년은 이 관심을 적극적으로 활용하여 확장시켜 나가는 시기가 될 전망이다. 미국 로스앤젤레스카운티미술관(LACMA), 뉴욕의 구겐하임미술관, 그리고 중국미술관 등에서도 잇따라 대형 한국미술기획전을 계획하고 있어 대중문화뿐만 아니라 한국 문화도 폭넓게 조망할 수 있는 기회가 될 것으로 보인다.[34]

지금의 한국 드라마나 영화는 넷플릭스라는 플랫폼을 통해 해외 진출이 용이해졌고 많은 인기를 얻게 되었다. 그러나 이처럼 단일 플랫폼에 대한 의존도가 높은 경우 그 플랫폼에 선별된 콘텐츠만이 해외 유통의 기회를 가지게 되는 문제점도 있다. 따라서 2021년에는 플랫폼을 다각화시키기 위한 노력이 늘어날 것으로 보인다. 디즈니플러스, 애플TV 등 자본력, 콘텐츠, 네트워크 3박자를 갖춘 강력한 해외 플랫폼들도 있지만 국내 OTT 서비스도 해외 진출에 박차를 가하고 있다. 왓챠(Watcha), 웨이브(Wavve) 등이 해외 시장을 타겟으로 한

국내 OTT 서비스 왓챠(Watcha)

차별화된 서비스와 콘텐츠를 기획하고 있다. 왓챠의 경우 최근 시리즈 D 투자를 유치하며 한국 콘텐츠에 대한 열기가 높은 일본 시장에 진출하였으며 이후 아시아 시장으로 서비스를 확대해 나갈 예정이다. 국내 OTT 플랫폼이 글로벌 시장에 안착한다면 해외 플랫폼에 의지하지 않고 다양한 국내 작품을 해외에 소개할 수 있는 기회가 될 것이다.

'1일 1범'이라는 표현을 혹시 들어봤는가. 한국관광공사의 2020년 홍보영상 〈한국의 리듬을 느끼세요(Feel the Rhythm of KOREA)〉의 신드롬을 대변하는 표현이다. 영상에 등장하는 이날치 밴드의 음악 〈범 내려온다〉의 중독성에 하루에 한 번은 이 영상을 꼭 봐야 한다는 뜻이다. 이날치 밴드와 앰비규어스 댄스컴퍼니가 합작한 한국관광공사의 서울·전주·부산 홍보 영상은 3억 뷰에 달하는 조회수를 기록했다. 과거 우리나라 홍보 영상과 달리 이번 시리즈의 특징은 한국을 모르는 그 누구라도 신나게 즐길 수 있는 콘텐츠라는 점이다. 한복 색동을 모티브로 한 의상을 입은 무용수들이 판소리를 배경으로 독특한 군무를 추는 이 영상은 해외 팬들의 호기심을 자극하기 충분하다. 해외에서는 이 영상의 커버댄스도 인기를 끌고 있다고 한다.

아마도 여기에 앞으로 한국 문화콘텐츠가 추구해야 할 방향에 대한 힌트가 숨어있는 것 같다. 우리가 자랑하고 싶은 것이나 하고 싶은 이야기의 일방적인 나열이 아닌, 우리를 잘 모르는 사람들도 함께 공감하고 즐길 수 있는 이야깃거리들, 타 문화 속에서 자연스럽게 수용되고 재생산될 수 있는 콘텐츠, 이것이야말로 '조선의 힙'이지 않을까 싶다.

6 굿즈의 시대, 팬심에는 한계가 없다

'굿즈'. 영어 단어 같지만 상품이라는 그 뜻으로는 정확히 무엇을 지칭하는지 알 수 없는 알쏭달쏭한 이 단어가 최근 소비 시장의 최대 키워드로 뜨고 있다. 굿즈라고 불리는 상품들을 살펴보면 기념품 같기도 하고, 문화상품 같기도 하고, 때로는 사은품처럼 보이기도 한다. 대체 굿즈는 무엇이고 사람들은 왜 굿즈를 사기 위해 광클과 줄서기를 마다하지 않는지 함께 살펴보자.

1. 트렌드의 발견: 불황을 모르는 굿즈 시장

연예인 굿즈

우리나라 연예인 굿즈 시장은 연간 1,000억 원 규모에 달한다.[35] 초상권이나 저작권을 보호받지 못하고 사각지대에서 유통되는 상품들까지 합친다면 그 이상일 것으로 보인다. 침체된 경기 속에서도 연예인 굿즈 시장은 쉽게 사그라들지 않고 있다. 롯데백화점은 본점 영플라자에 유명 기획사의 굿즈샵인 SM타운, YG플레이스 등을 입점시켰다. 이제 하나의 상품 품목으로 당당히 자리잡은 연예인 굿즈는 전문

업체와 협업하여 개발한 에코백부터 식음료까지 다양하고 질 높은 제품들을 판매한다. 2000년대 1세대 아이돌의 굿즈가 그룹을 상징하던 색색깔의 풍선이나 우비 정도였던 것을 생각해보면 엄청난 변화이다. 각 기획사들의 굿즈샵 입점 후 롯데백화점은 30~40대 위주였던 고객층이 10~20대까지 확대되며 매장 방문객 수도 증가하는 긍정적 효과를 톡톡히 누리고 있다.

최근 K-pop 스타들의 굿즈는 기술력을 더해 진화하고 있다. 각 가수의 공식 응원봉은 블루투스 기술을 활용한 중앙 제어 방식으로 콘서트장에서 음악에 맞춰 색깔이 바뀌기도 하고 카드섹션에 참여할 수도 있다. H.O.T 오빠들에게 흰 풍선을 흔들던 〈응답하라 1997〉의 시원이가 본다면 격세지감을 느낄 일이다. 응원봉의 이름도 재미있고 다양하다. 블랙핑크는 '뿅봉', 트와이스는 '캔디봉', BTS는 '아미밤', 엑소는 '에리디봉'이다. 이와 같은 공식 굿즈들은 팬들의 소속감을 높

BTS 공식 응원봉 '아미밤'

이고 공연에 함께 참여할 수 있어 팬들의 필수품으로 여겨진다. 그러나 인기 스타들의 굿즈는 판매 시작과 동시에 일찌감치 매진이 되는 경우가 많아 중고 시장에서 웃돈을 주고 거래되는 경우도 다반사다. 그리고 최근에는 이러한 10대들의 팬심을 악용한 가짜 응원봉이 등장해 각 소속사에서 대책 마련에 고심 중이다.

그간 연예인 굿즈는 10대들의 전유물처럼 여겨졌지만 TV조선의 〈미스터트롯〉이 화제가 되면서 멤버들의 포토카드, 소이캔들, 쿨매트, 키링, 소주잔 등으로 구성된 공식 굿즈도 중장년층에게 인기를 끌고 있다. 전국 투어 콘서트에 맞추어 마련된 팝업스토어에는 굿즈를 구입하기 위해 방문한 중장년층을 다수 볼 수 있다.

요즘은 구입하는 것을 넘어서 자기가 원하는 굿즈를 직접 만드는 팬들도 늘어나고 있다. 온라인 팬 커뮤니티에는 자체 제작한 굿즈를 공동구매 하거나 무료 나눔 하는 팬들이 많으며, 수익 목적으로 판매하는 경우도 종종 볼 수 있다. 이러한 자체 제작 굿즈는 대부분 초상권과 저작권에 저촉되어 판매하는 것은 불법이지만 소셜네트워크를 통해 암암리에 진행되는 거래를 제지하기란 쉽지 않다.

한편, 경기대학교 김나민 교수가 진행한 "연예인 굿즈는 소유자의 행복을 증진시키는가?"라는 주제의 연구는 흥미롭다. 굿즈에 자주 활용되는 제품인 텀블러와 USB를 연예인 굿즈와 일반 제품으로 나누어 실험한 결과 연예인 굿즈를 소유하는 것에서 사람들은 더 많은 행복감을 느낀다는 결과가 나타났다.[36] 우리는 좋아하는 스타를 개인적으로 알지는 못하지만 친밀하게 느끼고 심리적 연결감을 느끼는데, 이때 스타의 굿즈는 물리적으로 그 관계에 의미를 부여해주는 역할을 하게 되는 것이다. 따라서 연예인 굿즈는 덕질의 상징이자 팬심의 물리적 표현으로서 우리들에게 만족감과 행복을 준다고 할 수 있을 것 같다.

뮤지엄 굿즈

미술관이나 박물관의 문화상품은 해당 기관의 이미지를 만들고 홍보하는 수단으로 활용된다. 갈수록 높아지는 운영비용과 재정적 자립 압박 등의 고민을 안고 있는 전 세계 박물관들에게 뮤지엄 굿즈는 소장품을 활용한 부가 가치 창출을 통해 새로운 수익원으로서의 역할도 한다.

얼마전 국립중앙박물관에서 품절 대란이 일어난 상품이 있다. 다른 곳도 아니고 박물관에서 품절대란이 일어날 일이 있을지 의문을 가지는 사람도 있겠지만, 실제로 국립박물관 온라인 샵 홈페이지가 마비될 정도였다. 국보 제68호 '청자상감운학문매병'의 디자인을 옮겨 휴대폰 케이스, 에어팟 케이스, 그립톡 등으로 만든 고려청자 굿즈가 그

국립중앙박물관 미미달 고려청자 케이스 시리즈

주인공이었다. 그저 흉내만 낸 수준이 아니라 고려청자의 깊은 색과 특유의 느낌까지 담은 이 제품은 한눈에 예쁘다는 감탄이 나온다. 천 년 전의 디자인을 모티브로 했음에도 제품이 주는 이미지는 트렌디하다. 디자인 브랜드 '미미달'이 크라우드 펀딩을 통해 개발한 이 제품은 '2020 국립 박물관 문화상품 공모'를 통해 국립박물관 온라인몰에 입점했다.

이전에도 국립중앙박물관의 굿즈는 소위 힙한 아이템으로 디자인에 관심있는 사람들 사이에 알려져 있었다. 포털사이트에 국립중앙박물관을 검색하면 연관 검색어 제일 상위에 뜨는 단어가 굿즈이다. 한복을 입은 어린이들의 그림이 그려진 펜, 태극 문양이 그려진 부채 등 지루하고 뻔하게 여겨지던 우리나라 기념품들이 '내셔널 굿즈'라고 불리며 그 위상이 높아지고 있다. 2018년 평창동계올림픽에서도 패딩, 모자 등 관련 상품들이 품절 사태를 겪은 사례가 있었다. 외국인들이 우리나라에 와서 호기심으로 사가는 기념품이 아니라 우리 국민들이 좋아하고 일상에서 사용할 수 있는 상품을 만든다는 접근이 이러한 변화의 계기가 된 것으로 보인다.

한편 국립현대미술관 서울관에 마련된 갤러리 아트존은 더욱 확장된 개념에서 문화상품을 다루고 있다. 미술관 로고 상품이나 전시 연계 상품뿐만 아니라 공예품부터 패션상품까지 분야별로 다양한 상품이 판매되고 있다. 그리고 아트존의 예술 전문 서점 '미술책방'에서는 국내에서 쉽게 구하기 힘든 국내외 주요 예술 서적을 만날 수 있다. 전시공간과 판매공간을 넘나들며 어떤 것이 작품이고 어떤 것이 상품인지 그 경계가 점차 옅어지는 것을 느낄 수 있는 곳이다.

브랜드 콜라보레이션 굿즈

요즘 브랜드 콜라보레이션 제품들을 보면 가수 영탁의 노래 〈니가 왜 거기서 나와〉 가 절로 흥얼거려질 정도이다. 편의점 떡볶이 포장지에 베스트셀러 서적 표지가 들어 있고, 하얀 패딩에 '곰표' 밀가루가 크게 씌여 있는 것은 예사이다. 최근에는 더 과감한 이종 콘텐츠의 콜라보레이션 한정판 굿즈들이 쏟아져 나오고 있다.

문화콘텐츠 분야에서는 패션 분야와의 협업이 두드러진다. 의류 브랜드 SPAO가 인기 캐릭터 '펭수'와 콜라보레이션한 상품 중 일부는 출시 3시간 만에 완판 되는 기록을 세웠고, MBC 예능 〈놀면 뭐하니〉의 '싹스리' 티셔츠도 출시되어 화제가 되었다. 신발 SPA 브랜드 슈펜은 CJ E&M 예능 프로그램 〈신서유기〉의 '신묘한' 캐릭터 상품을 내놓기도 했다. 패션브랜드 에잇세컨즈의 경우 아티스트들과의 협업이 관심을 모으고 있다. 자신을 표현하는 수단으로 소비하는 지금의 세대들에게 포커스를 맞추어 아티스트들과 함께 개성 있는 제품을 만들어 내고 있다. 매장 일부 공간에서는 해당 작가들의 작품 전시도 함께 이루어져 총체적인 예술 경험을 제공한다.

그 밖에도 동화약품은 대표 상품인 활명수를 활용해 미디어아티스트, 나전칠기, 힙합 등 장르 구분 없이 다양한 문화콘텐츠와 협업하고 있고, 화장품 업계는 연말이 되면 아티스트들과의 콜라보레이션을 통한 홀리데이 에디션을 출시하느라 바쁘다.

가성비 대신 가잼비(가격 대비 재미)[37]라는 말이 나올 정도로 스토리와 재미를 더한 상품들이 인기를 얻으면서 각 브랜드들은 자신의 상품에 문화적 요소를 더해 줄 콘텐츠들을 적극적으로 찾아나서고 있다. 이러한 협업을 통해 개발된 제품들은 아티스트나 문화콘텐츠의 홍보에도 도움이 되면서 서로 상생할 수 있는 기회로 자리잡아 나가고 있다.

2. 트렌드의 원류: 수학여행 기념품

우리들의 기억력은 때때로 참 하찮아서 무언가를 기억하기 위해 실체가 필요한 경우가 많다. 아이들의 어린 시절을 기억하기 위해 사진을 찍고, 자신의 하루를 기록하기 위해 일기를 쓰고, 여행을 가면 여행지 이름이 크게 씌여 있는 자석이라도 사게 된다. 어린시절 수학여행을 가서 샀던 산 이름이 크게 씌여 있는 효자손도 넓은 의미의 굿즈라고 볼 수 있다. 문화예술 콘텐츠는 대부분 듣고, 보고, 느끼고 나면 남아 있는 것이 없는 경우가 많다. 그래서 우리는 그 문화 경험을 기억하기 위해 과거에는 영화 티켓이나 뮤지컬 프로그램북 등을 모았고, 요즘은 블로그나 SNS에 감상평을 기록한다.

영단어 '굿즈(goods)'의 원래 뜻은 말 그대로 상품이라는 의미이다. 사고 팔 수 있는 물건이라는 뜻으로 사용되는 단어이지만 최근 우리나라에서는 기념품이나 문화상품의 다른 말처럼 사용되고 있다. 굿즈가 문화상품의 유사어로 활용되기 시작한 것은 일본 팬들이 아이돌 스타를 모티브로 하여 만든 티셔츠나 열쇠고리 등을 지칭하며 사용하기 시작한 이후부터 라고 한다. 굿즈는 영단어에서 왔지만 실제로 해외에서는 '머천다이즈(Merchandise)' 또는 줄여서 'MD'라고 칭한다.

굿즈나 문화상품, 또는 머천다이즈에 대한 정의는 다양할 수 있지

연예인 굿즈를 구입하기 위해 상점을 둘러보는 팬들

만 기본적으로 문화적 요소를 기반으로 경제적 부가가치를 만들어내는 산물이라고 이야기할 수 있다. 즉 연예인이나 예술 작품, 캐릭터, 브랜드 등의 정체성을 담아 만들어진 상품으로, 소비자에게 해당 콘텐츠에 대한 이해를 높이고 새로운 해석을 경험할 수 있게 도와준다. 이러한 굿즈가 일반 상품과 다른 점은 필요에 의해 사용하는 것 이상의 정서적인 욕구를 충족시켜준다는 점이다. 혹자는 실용성이 떨어진다고 할 수도 있고, 가성비가 떨어진다고 비판할 수도 있을지 모른다. 그러나 굿즈가 가진 매력은 다른 곳에 있다. 우리가 문화생활을 못한다고 죽는 것은 아니지만 영화도 보고, 음악도 듣고, 뮤지컬을 보면서 즐거움을 느끼는 것처럼 굿즈는 실용성 이상의 감성적인 기능을 한다.

이제 콘텐츠와 굿즈는 뗄레야 뗄 수 없는 사이가 되었다. 2020년 1월 공연된 뮤지컬 〈신비아파트 시즌 3: 뱀파이어왕의 비밀〉은 공연이 끝나고 나서도 한참동안 로비 가득 인파가 몰렸다. 로비에 설치된

〈신비아파트〉 굿즈 팝업 스토어에서 상품을 구매하기 위한 사람들이었다. 〈신비아파트〉는 CJENM 투니버스에서 방영되는 애니매이션인데 뮤지컬로도 제작되어 매년 평균 객석점유율 98% 성공을 거둔 작품이다. 흥미로운 것은 지난 시즌 공연 매출의 약 30%가 굿즈 판매에서 나왔다는 점이다.[38] 광고대행사 HS애드의 소셜 빅데이터 분석 보고서에 따르면 굿즈에 대한 대중의 관심은 더욱 높아지고 있다. SNS에서 굿즈에 대한 언급은 2016년부터 폭발적으로 증가하여 이미 '명품' 단어의 언급량을 훌쩍 넘어섰다. 굿즈 대상과 의미가 확장되면서 연예인, 캐릭터 연관 상품에서 기업 브랜드, 정치 사회 분야로까지 확산되고 있는 모양새다.[39]

3. 트렌드의 이해: 굿즈의 매력

그렇다면 굿즈가 이처럼 인기를 끄는 이유는 무엇일까? 단순히 소비자의 정서적 욕구를 충족시켜주기 때문이라는 이유만으로는 부족해 보인다.

우선 판매자의 입장에서 본다면 굿즈는 OSMU(One Source Multi Use)의 도구로 활용될 수 있다. OSMU란 하나의 자원을 여러 방식으로 활용하는 것을 뜻하는데, 문화콘텐츠 산업의 주요 특징 중 하나이다. 〈뽀로로〉를 예로 들어보자. 〈뽀로로〉라는 애니메이션이 한 편 만들어지고 난 뒤, 이 콘텐츠는 영화, 뮤지컬, 책, 장난감 등 다양한 장르로 변용되어 유통되고 있다. 하나의 콘텐츠를 개발해 여러 유형으로 활용하면 원 콘텐츠의 팬층으로 일정 수요가 보장되고, 콘텐츠

개발비가 분산되어 장기적으로는 수익이 높아진다는 장점을 가지고 있다. 우리가 문화콘텐츠를 '고부가가치 산업'이라고 부르는 것은 바로 이러한 이유 때문이다.

굿즈는 마케팅 측면에서도 장점을 가지고 있다. 매일 신제품으로 넘쳐나는 시장에서 '튀는 제품'이 되려면 그 상품만이 가진 무언가가 있어야 한다. 굿즈의 경우 연예인이든 문화재이든 모티브로 하는 문화적 요소가 이미 소비자들의 눈을 사로잡는 차별화 요소가 되는 것이다. 따라서 상품의 구매 과정부터 구매 후 사용 단계까지 새로움에 대한 욕구가 큰 요즘 세대들에게 굿즈는 충분히 매력적인 소비재가 된다. 그리고 이러한 소비자들은 이 특별한 제품들을 자신의 SNS에 적극적으로 공유하면서 매우 효과적인 바이럴 마케팅을 가능하게 한다.

또한 굿즈의 경우 일반 상품들과 달리 공연 기간에만 판매하거나, 특정 장소에 가야만 구매할 수 있거나, 한정된 수량으로 제작되는

의류부터 생활용품까지 다양해지는 굿즈

경우가 많다. 우리는 '한정판', '리미티드 에디션', '선착순'이라는 단어를 보면 마음이 흔들린다. 이전에 별 관심없이 지나갔던 물건도 한정품이라고 하면 괜히 한 번 더 돌아보게 되는 것이 소비자들의 공통된 심리이다. 출시하는 굿즈마다 화제가 되고 있는 스타벅스의 경우 한정판 '서머 레디백'을 받기 위해 680잔의 커피를 주문하고 한 잔의 커피와 40개의 굿즈만 챙겨 간 사례가 온라인 상에서 논란이 되기도 했다. 커피를 마시고 가방을 받는 건지 가방을 받기 위해 커피를 마시는 것인지 헷갈리기까지 할 정도로 최근에는 본품과 굿즈 사이에 주객이 전도되는 현상도 발생하고 있다. 전통 경제학의 수요-공급 법칙으로만 보자면 이러한 한정판 굿즈는 시장의 원리에 맞지 않는다. 그러나 굿즈의 주 소비층이 자신만의 특별한 물건을 갖고 싶어하는 고객들이라는 점을 고려하면 '한정품'이라는 전제는 소비자의 구매 욕구를 더욱 자극하는 것이다.

최근 굿즈들이 인기를 얻는 또 다른 이유는 실생활에 쓸 수 있는 질 높은 상품이 많아졌다는 점이다. 부채, 손수건, 볼펜 정도였던 과거의 기념품과 달리 젊은 층에서 많이 활용하는 상품에 문화적인 요소를 넣는 방식으로 굿즈 개발 방식이 변화하고 있다. 눈에 띄는 것은 핸드폰 케이스, 이어폰 케이스, AI 스피커 등의 디지털 기기 관련 상품들과 에코백, 텀블러와 같이 일상 생활에서 매일 사용되는 제품들이다. 또한 코로나19로 인해 캠핑이 여가활동의 주요 키워드로 떠오르면서 캠핑의자, 보냉백, 폴딩 박스와 같은 캠핑 굿즈들도 '대란템' 대열에 합류하고 있다.

4. 2021년 트렌드 예측: 팬심에는 한계가 없다

2020년은 전체적인 소비 시장은 크게 위축되었으나 굿즈 만큼은 불황을 모르는 한 해였다. 코로나19로 인해 침체된 사회 분위기 속에서 많은 돈을 들이지 않고도 일상 속 재미를 더해주는 요소로 소비자들의 사랑을 받았다. 이처럼 굿즈가 홍보와 수익 두 마리 토끼를 잡는 효자 품목이 되자 여러 브랜드에서 앞다투어 한정판 굿즈들을 쏟아내고 있다. 그러다보니 과열된 한정판 마케팅에 소비자들의 피로도도 높아지고 있는 것이 사실이다. 이제 웬만한 콜라보레이션은 화제가 되기 어렵고 한정판이라는 이름으로 연달아 출시되는 제품들에 무덤덤 해지는 양상도 보인다.

따라서 2021년에는 마케팅을 목적으로 한 이종 콜라보레이션 보다는 의미를 담을 수 있는 굿즈에 소비자들의 이목이 끌릴 것으로 보인다. 국립중앙박물관의 고려청자 굿즈에서 볼 수 있듯이 전통 문화에 대한 관심이나 친환경, 동물 보호 등 사회적 메시지를 담은 문화 상품들이 인기를 얻을 것으로 예상된다.

연예인 굿즈의 경우 구독 경제와 결합한 개인 맞춤형 굿즈로의 진화가 눈에 띈다. 최근 SM엔터테인먼트에서 시작한 '디어유(DearU)' 서비스가 대표적인 예이다. 월 7,900원 정기 구독료를 내면 매달 아티스트가 작성한 손편지와 포토카드를 받을 수 있다. 편지봉투에 직접 수신자의 이름을 써주고 일상이 담긴 포토카드를 보내주는데, 좋아하는 스타와 손편지를 직접 주고받는다는 것은 아날로그 감성에 더해 친밀감과 특별함을 느낄 수 기회이다. 월 정기 이용료의 부담에도 불구하고 팬들의 지갑을 열게 하는 이유일 것이다.

이처럼 굿즈는 앞으로 보다 개인화된 경험을 제공할 수 있는 방향으로 발전할 가능성이 높다. 여기서 개인화란 제작자와 소비자 모두를 지칭한다. 대형 기획사나 문화 기관이 아니더라도 누구나 굿즈를 만들 수 있고, 소비자들도 자신에게 맞추어 커스터마이즈 된 굿즈를 소유하게 될 것이다. 팬심에 한계가 없듯이 팬심이 만들어내는 굿즈에도 한계는 없어 보인다.

7 OST에서 엿보는 주객 전도의 시대

1. 트렌드의 발견: OST의 약진

2020년 상반기 음악 차트 순위 1위를 차지했던 음원을 보면 20%가 드라마 OST였고 상위권에 포진한 음원들도 〈이태원 클라쓰〉, 〈멜로가 체질〉, 〈슬기로운 의사생활〉, 〈키스 먼저 할까요〉 등에 등장했던 OST였다. 인기 드라마에서 선보였던 OST의 음원이 그다음 날 공개되고 그 즉시 차트를 휩쓰는 패턴이 반복되곤 했다. 예전에는 드라마 중반 이후에 OST가 집중적으로 공개되었던 반면에, 2020년 가을에

펄프 픽션의 OST

시작한 드라마 〈스타트업〉에서는 드라마 첫 회부터 김필, 정승환, 레드벨벳, 10cm 등 인기 가수들의 음원을 대거 포함했다.

OST가 약진하고 있다. 어떤 의미에서는 OST가 아닌 음원들에게 불공평한 현상이다. OST가 아닌 경우에 비해 OST는 드라마나 영화 등 음원과 관련된 콘텐츠의 스토리와 배우의 인기도 포함되어 그 가치가 평가되기 때문이다. 시청률이 높은 드라마나 관객이 많은 영화의 OST는 그 인기의 후광을 고스란히 업고 단기간에 사람들의 사랑을 받는다. 게다가 드라마 OST는 드라마 방영 자체가 음원의 유통 경로라서 많은 사람들에게 손쉽게 노출된다. 시청자에 대한 일종의 강요된 노출이라 할 수 있다. 이러한 이유들로 인해서인지 음원 차트 상위 그룹에서의 OST의 비율은 점차 높아지는 경향이다.

OST가 점차 높은 인기를 얻는 현상은 단지 음악분야 내에서의 트렌드를 넘어서는 보다 근본적인 사회적 트렌드를 보여준다. 그것은 바로 본연의 요소와 보조적 요소의 경계가 모호해지는 경향이다. OST의 인기는 드라마의 시청률에 달려 있기도 하지만, 그 반대로 OST의 인기 때문에 드라마의 시청률이 높아질 수도 있다. 콘텐츠 때문에 OST가 제작될 뿐 아니라, 때로는 심지어 OST의 인기로 인해 콘텐츠가 제작되기도 한다. 실로 꼬리가 몸통을 흔드는 격이 아닐 수 없다. 이러한 주객 전도의 도도한 물결 하에서, 과연 OST의 약진이 2021년에 가져올 미래는 어떤 양상을 띠게 될 것인가?

2. 트렌드의 원류: 유랑극단의 음악 연주

예로부터 음악은 사람들이 모이는 행사에서 분위기를 돋우기 위해 흔히 사용되었다. 사람들의 주의를 끌고 모임의 특성을 차별화하는 음악은 유랑극단의 연주에서 찾아볼 수 있다. 큰 북을 등에 지고 아코디언을 연주하면서 공연을 알리면서 사람들을 모으고, 공연이 진행될 때에 적절한 배경음악을 연주하는 것을 쉽게 떠올릴 수 있다. 효과음, 배경음악, 삽입곡을 모두 포함하는 이러한 연주는 고전적인 OST 활용 방식이라 할 수 있다. 서커스 등에서 긴장된 순간에는 빠른 템포의 음악을 삽입하여 긴장도를 높이고, 막간의 꽁트에서 남녀의 사랑 이야기가 펼쳐지면 로맨틱한 바이올린 선율을 깔아 주기도 했을 것이다. 즉 효과음, 배경음악, 삽입곡을 포함하는 OST는 현장에 모인 사람들에게 유랑극단이 진행하는 프로그램의 정서를 전달하고 현장의 분위기를 고조시키는 역할을 했다.

유랑극단에서 음악은 빠지지 않는다

런던 올림픽 경기 공연

유랑극단보다 좀 더 대형의 행사에서도 OST는 빠짐없이 등장했다. 왕정시대에 왕이 입장할 때에도 웅장한 관악 음악이 울렸고, 대통령 참여 행사에서도 대통령 찬가가 흘렀다. 행사와 관련해서도 음악이 빠질 수 없다. 예를 들어 1988년 올림픽 주제곡이었던 〈손에 손잡고〉는 올림픽 행사에 사용되기 위해 제작된 OST였다. 오늘날 아카데미 시상식이나 에이미 시상식, MAMA 등 거의 모든 행사는 음악으로 시작하여 음악으로 끝난다.

OST는 이러한 오프라인 행사에서만 아니라 대중매체 또는 온라인 콘텐츠에서도 중요한 역할을 한다. 이러한 콘텐츠에서의 OST는 단지 시작이나 끝을 알리거나 행사를 기억하게 하는 역할에 그치지 않고 콘텐츠의 서사와 연관되어 스토리텔링의 효과를 극대화하는 기능을 갖게 되었다. 즉 오늘날 TV 드라마, 영화, 뮤지컬, 게임, 라디오 프로그램 등에서 사용되는 음악은 해당 음악이 흐르던 장면을 기억하게 하고 그 감동과 느낌을 전달하는 추가적인 기능을 갖게 되었다. 이 모든 확장된 기능의 원류는 사람들의 주의를 끌고 행사를 차별화했던 유랑극단의 음악 연주에서 발견할 수 있다.

3. 유사 트렌드

앞에서 설명했듯이 OST는 전통적으로 영화나 드라마 등 콘텐츠에 있어서의 극중 스토리의 분위기를 전달하고 감동의 효과를 증폭하는 역할을 한다. 예를 들어 1970년에 개봉된 〈러브스토리〉에는 〈Snow Frolic〉, 〈I Love You, Phil〉, 〈Skating in Central Park〉 등 영화의 장면과 내용을 그대로 제목으로 갖는 OST들이 수록되어 있다. 1986년에 개봉된 영화 〈미션〉의 OST에도 〈Falls〉, 〈Gabriel's Oboe〉, 〈River〉 등 영화의 중요한 장면과 스토리의 요소가 제목으로 반영되고 있다. 영화를 관람했던 관객들은 이러한 음악을 들으면서 영화의 장면이나 등장인물의 캐릭터를 떠올리게 마련이다. 이러한 효과는 입소문을 타면서 영화의 성공에도 긍정적인 영향을 미치게 된다.

그러나 모든 OST가 콘텐츠의 극중 장면이나 극중 등장인물의 캐릭터와 관련된 것은 아니다. 특정 콘텐츠의 OST이면서 일정 부분에서는 독립적인 위상을 가진 OST가 등장하고 있다. 이러한 독립적인 위상은 OST가 콘텐츠의 제작 과정에 포함되는 시점에서 찾아볼 수 있는데, 예를 들어 어떤 OST는 콘텐츠를 위해 새로 제작되기도 하고, 어떤 OST는 콘텐츠 제작 이전에 이미 존재하여 인기를 얻었기 때문에 나중에 콘텐츠에서 사용되는 경우도 있으며, 어떤 OST는 콘텐츠 제작과 동시에 제작되었으나 정작 콘텐츠에는 사용되지 않는 경우도 있다. 이러한 다양한 경우를 통해 볼 때 과연 OST가 콘텐츠의 보조적 역할을 수행하는지, 아니면 반대로 콘텐츠가 OST의 보조적 역할을 수행하는지 애매한 느낌이 들 정도이다. 전통적인 OST의 역할, 즉 콘텐츠의 보조적 역할 수행과는 상이한 특성과 역할을 보이는 유사 트렌드의 예를 들면 다음과 같다.

영화에 등장하지 않는 OST

OST는 본래 영화의 장면에 삽입되는 음악인데 어떤 OST는 영화에 등장하지 않고 마지막 엔딩 크레딧 스크롤때에만 등장하는 경우가 있다. 1991년에 개봉했던 영화 〈딕 트레이시〉는 가수 마돈나가 출연해서 화제를 모았는데, 엔딩 스크롤에서 흐르는 마돈나의 OST 중 상당

〈딕 트레이시〉의 워런 비티

수는 영화에서 등장하지 않는다.

2020년에 주인공이었던 채드윅 보즈먼이 암 투병 중 사망하여 많은 사람들을 안타깝게 했던 〈블랙 팬서〉의 경우 이 영화의 음악을 담당했던 유명 래퍼 캔드릭 라마가 제작했던 14개의 OST 중 3개만 영화에 삽입되었다.

영화가 외국에 수출되는 경우에도 영화에 등장하지 않는 OST가 발견된다. 한국에서 2009년에 개봉되어 천만 관객을 모았던 영화 〈해운대〉가 일본에서 개봉되었을 때에는 일본 노래 〈당신이 있어주었기에〉가 엔딩 스크롤이 흐를 때에 OST로 사용되었는데, 물론 이 음원은 영화 중간에 삽입되지 않았다.

웹툰과 게임의 OST

웹툰과 게임에 OST가 삽입되는 것은 이미 대세가 되고 있다. 사실 종이 만화책에 익숙한 세대에게는 만화에 OST가 사용된다는 것을 상상하기 힘들 것이다. 만화를 원작으로 하는 드라마나 영화도 아니라 만화 자체에 음악을 얹는 것은 불가능하게 생각되기 때문이다. 그러나 종이만화가 아니라 웹 환경에서 볼 수 있는 만화가 대중화되면서 웹툰 OST의 인기도 함께 상승했다. 예를 들어 2018년 4월에 연재를 시작하여 인기 웹툰으로 연재중인 〈취향저격 그녀〉는 2020년 7월부터 순차적으로 8개의 OST를 선보였는데 모두 음원 상위권에 자리잡았다. B1A4의 산들, 슈퍼주니어의 규현, 엑소의 찬열 등 가창력이 뛰어난 아이돌 그룹 출신의 가수가 부르는 웹툰 OST는 신속하게 음원차트를 점령했다.

웹툰 분야에서는 콘텐츠와 OST 제작의 전후관계가 역전되는 경

독특한 OST로 유명한 〈슈퍼마리오〉

우가 발생한다. 예를 들어 가수 박원이 발매한 앨범에 수록된 곡 중 〈연애플레이리스트〉와 〈에이틴〉이 대중의 관심을 끌자 드라마 제작사인 플레이리스트는 앨범명과 같은 이름의 웹드라마를 6부작으로 제작했다. 이 드라마의 대본 작업에는 가수 박원도 적극적으로 참여했다고 한다.

게임 분야의 OST에서는 더욱 새로운 트렌드가 진행되고 있다. 많은 사람들은 게임의 배경음악으로 〈슈퍼마리오〉나 〈테트리스〉, 또는 〈팩맨〉 게임 중에 듣게 되는 흥겨운 음악을 떠올리겠지만 그러한 음악이 OST라고 불릴 수 있을지, 그리고 과연 음악적 가치가 있을지에 대해 의아할 것이다.

그러나 2005년에 출시되었던 전략 시뮬레이션 게임인 〈시드 마이어의 문명 4〉의 OST인 〈Baba Yetu〉는 게임 음악 최초로 그래미 어워드를 수상했다. 그 정도로 음악적 가치를 인정받았다는 증거이다. 더 나아가 최근 출시되는 게임에는 가수의 보컬이 사용되는 게임

OST가 사용되고 있다. 국내에서 처음으로 게임 OST 제작에 참여해서 인기를 끌었던 가수는 1980년생 엄지영인데, 그녀는 2001년에 롤플레이 게임인 〈마그나카르타〉의 엔딩 OST를 불러서 '게임 가수 1호'라는 별명을 얻었다. 그 이후 2012년에는 〈아이온 4.0〉에서 아이유가, 2015년에는 〈이나시아네스트: 황혼의 침묵〉에서 마마무가 OST를 발표했으며 같은 해 발표된 게임인 〈아이마〉에서는 양파, 신소희, 차여울, 김태우가 부른 네 개의 OST가 포함되었다.

예능 프로그램에서의 음원 제작

예능 프로그램의 타이틀 곡은 일반적으로 프로그램의 오프닝 타이틀이나 마지막 엔딩 스크롤 때에 사용된다. 이것은 앞에서 설명했던 트렌드의 원류였던 유랑극단의 음악 연주와 크게 다르지 않다. 예전의 예능 프로그램에는 영화와 드라마와 같은 서사가 거의 존재하지 않았기 때문에 서사를 도울 OST가 필요 없었기 때문이다. 예를 들어 〈무한도전〉이 시작되기 전에 타이틀 화면을 보여주면서 흘렀던 경쾌한 음악을 많은 사람들은 기억할 것이다. 또는 프로그램 중간에 화면의 내용과 어울리는 배경음악을 내보내기도 한다. 예를 들어 2008년 11월에 방영되었던 〈무한도전〉에서는 에어로빅 훈련을 받는 멤버들이 고생하는 장면에 가수 무니의 〈아름다운 나라〉가 삽입되어 화제가 되었는데, 이 곡은 같은 해 6월에 방영되었던 〈1박 2일〉의 백두산 장면에서도 삽입되어 장엄한 분위기를 자아냈던 곡이었다. 이러한 음악은 프로그램을 떠오르게 하거나 장면을 기억하게 하는 전통적인 OST의 기능을 수행했다.

그러나 최근의 예능 프로그램에 일정 기간 주어진 목표를 성취하는 요소가 도입되면서 일정한 서사를 갖추게 되었다. 음원 제작 자체가 예능 프로그램의 주제로 사용되면서 프로그램을 통해 새로운 음원이 제작되는 사례가 이어지고 있는 것이다. 이러한 포맷을 본격적으로 선보였던 프로그램으로서 2017년에 파일럿 프로그램으로 제작되었다가 2018년까지 8부작으로 제작되었던 〈건반 위의 하이에나〉를 들 수 있는데, 이 예능 프로그램에서는 뮤지션마다 독특한 음원 창작의 다양한 방식을 소개했다. 예를 들어 정재형은 그랜드피아노에 혼자 앉아서 즉석으로 연주하면서 악보를 채웠고, 윤종신은 옆에 보조 작곡가를 동반하여 도움을 받으며 작곡을 했으며, 그레이는 컴퓨터를 사용하면서 리듬을 쌓아가는 과정을 보여주었다. 이 프로그램 이후 한층 예능적 요소가 강화된 후속 프로그램들이 뒤를 잇고 있다.

물론 드라마나 게임의 예와 같이 한 번 사용된 음원이 예능 프로그램의 종영 시점까지 지속적으로 사용되는 것은 아니지만 특정 에피소드가 종료되기까지 음원 제작의 과정 자체를 보여주면서 대중의 관심을 극대화하는 효과를 거두고 있다. 유재석이 부캐인 유산슬을 통해 발표한 〈합정역 5번 출구〉와 〈사랑의 재개발〉, 유재석, 이효리, 비가 부캐인 싹쓰리를 통해 발표한 〈다시 여기 바닷가〉, 엄정화, 이효리, 제시, 화사가 부캐인 환불원정대를 통해 발표한 〈돈 터치 미〉 등은 모두 음원 제작을 주제로 한 에피소드에서 발표된 신곡이었고 출시와 함께 음원 차트에 높은 순위로 진입했다.

4. 2021년 트렌드 예측: 주객 전도의 보편화

OST는 드라마, 영화, 웹툰, 만화 등 스토리를 전달하는 콘텐츠의 가치를 높이기 위해 인간의 감각 중 청각 정보를 보조하는 역할을 수행했었다. 그런데 이제 이러한 콘텐츠와 분리되거나 또는 오히려 OST를 중심으로 콘텐츠가 제작되는 여러 사례가 있음을 살펴보았다. 이러한 현상은 왜 발생하는 것일까? 그리고 이러한 현상은 2021년에 어떠한 추세로 발전할 수 있을 것인가?

보조적 요소인 OST가 본연의 요소인 콘텐츠를 이끄는 추세가 존재한다고 해서 모든 보조적 요소가 그러하리라고 전망할 수는 없다. 예를 들어 아무리 기업이 할인 행사를 효과적으로 한다고 해도 소비자들은 원래 가성비가 좋은 제품을 선호할 것이고, 미술 작품의 프레임이 아무리 중요하다고 해도 미술품 구매자들은 프레임 속의 작품의 가치를 더 중요하게 평가할 것이다. 본연의 요소와 보조적 요소 사이에는 확실한 구분의 경계가 존재하게 마련이다. 그렇다면 OST가 보여주는 경계 모호성은 어떤 때에 고개를 드는 것일까? 여기에서 하나의 중요한 조건을 생각해 볼 수 있다. 그것은 인간의 기본적 감각, 즉 오감을 자극한다는 조건이다.

사실 시각, 청각, 미각, 촉각, 후각으로 구성되는 감각은 사람의 마음을 흔드는 강력한 수단 중 하나이다. 이러한 감각 기관들이 뇌와 직결되어 있어서 행동에 대한 판단에 직접적인 영향을 미치기 때문일 것이다. 그렇기 때문에 상품을 판매하는 기업들은 소비자들이 직접 손에 쥐어 보거나 향기를 맡거나 맛을 보게 하는 체험 마케팅 기법을 발전시켜 왔다. 모두 소비자의 감각과 직결된 홍보 기법들이다. 이러한 감각을 체험한 사람들은 이성적인 가치 판단과는 다른 차원에서 기업 또는 상품을 기억하게 된다. 만약 감각을 통해 소비자의 브랜드 선호가 충분히 높아지면 이제는 이러한 소비자 선호에 기반하여 관련된 브랜드의 신제품을 선보이는 현상이 발생한다. 주객 전도가 일어나는 것이다.

이러한 현상은 사회 곳곳에서 볼 수 있다. 기업의 마케팅 전략 중 사람의 감각을 고차원적으로 활용하는 예로서 미술 전시나 오케스트라 공연, 또는 재능이 있는 예술인을 지원하는 메세나 활동을 들 수 있다. 이러한 활동은 기업의 사회공헌활동의 일환으로 추진되기 마련이지만 의료나 장학 등의 수단에 비해 일반 대중의 마음에 보다 직접적으로 접근할 가능성이 크다. 시각과 청각이라는 기본적인 감각에 호소하기 때문이다. 기업의 지원에 의해 피아니스트 조성진의 연주를 직접 들은 사람은 그 감동과 함께 지원 기업을 짙게 기억할 가능성이 크다.

정치 분야에서도 마찬가지이다. 정당은 정치적 목적을 달성하기 위해 가장 적합한 정치인을 선별하여 선거에 내보내고, 선거에서의 승리를 위해 이미지 제고를 위한 시각 또는 청각적 홍보(선거 유세 또는 활동 보도)를 한다. 그런데 방송에 출연하여 인기가 높은 인물은 이미 대중들에게 감각적 인지가 이루어진 상태이기 때문에 선거를 위한 영입 대상으로 우선적으로 고려된다.

그런데 이러한 기본적 감각 중 아직 개척되지 않은 분야로서 후각을 들 수 있다. 시각적 이미지 홍보, 청각적 OST 활용, 촉각의 경험 마케팅 등은 나름대로 사회의 다양한 분야에서 활용되고 있고, 미각도 먹방 자체가 콘텐츠의 주제가 될 정도로 대중의 관심을 받고 있지

향기마케팅을 펼치는 인천공항

만 후각은 이에 비해 활용의 방식이 제한되고 있다. 예전에 영화관에서 장면에 어울리는 향취를 사용했다가 이전 장면의 향취와 뒤범벅이 되어 실패했다는 전설이 들려오곤 했다.

물론 영화관에서 완벽하게 환기 시설이 구비된다면 다시 시도할 수도 있을 것이다. 그러나 영화 이외에도 이미 많은 기업들은 향기를 이용한 마케팅을 시도하고 있다. 예를 들어 인천공항은 2017년 출국장과 환승장에서 〈포레스트 오브 산청향〉을 사용하고 있고 많은 호텔업계에서도 각 브랜드를 기억하게 하는 자체적 향기를 사용하고 있다. 또한 향기를 이용한 피로회복 요법인 아로마 테라피가 다양하게 활용되면 숙박업, 제조업, 레저 산업 등에서 색다른 트렌드를 발견할 수 있을 것이다. 이는 또 다른 주객 전도의 현상을 이끌 것으로 예상된다.

8 부캐, 정체성의 확장

광대의 얼굴

유고스타, 유산슬, 유라섹, 유르페우스, 유디제이뽕디스, 닭터유, 유두래곤, 그리고 지미유. 모두 코미디언 유재석이 하나의 예능 프로그램에서 창조했던 캐릭터들이다. 2020년 한국 예능을 강타했던 부캐릭터(이하 부캐) 또는 멀티캐릭터(이하 멀티캐)의 열기를 타고 부캐를 만든 연예인은 유재석만이 아니다. 유재석과 함께 〈싹쓰리〉를 결성한 이효리는 린다 지, 비는 비룡이라는 부캐를 사용했으며, 〈나 혼자 산다〉의 외전인 〈여은파〉에서는 조지나(박나래), 사만다(한혜진), 마리아(화사)라는 부캐가 등장한다. 기존의 영역을 벗어난 부캐도 볼 수 있다. 가수 카피추로 거듭난 코미디언 추대엽이 그 예이다. 제품에도 부캐가 있다. 미원은 스페셜 패키지인 '흥미원'을, 맥도날드는 맥치킨에 케이준 소스를 더한 '케이준 맥치킨'을 각각 본래의 캐릭터(이하 본캐)와 구분되는 부캐라고 설명한다. 부캐 열풍에 힘입어 케이블방송 엠넷에서는 〈부캐선발대회〉라는 프로그램을 통해 여러 예능인들이 자신의 부캐로 등장하는 콘텐츠를 제작할 정도이다.

1. 트렌드의 발견: 부캐와 멀티캐

2018년에 얼굴에 고무장갑 같은 복면을 쓴 래퍼 '마미손'이 등장했을 때에 많은 사람들은 의아하게 여겼다. 분명히 래퍼 매드클라운처럼 보이는 이 가수는 왜 뻔한 '거짓말'을 하는 것일까? 그런데 시간이 지날수록 그의 뻔한 거짓말은 사람들의 비웃음을 받기 보다는 호기심과 흥미의 대상이 되었다. 가면을 쓴 자의 의도에 대한 다양한 추측도 이어졌다. 두 캐릭터가 인터뷰나 예능 프로그램 등에서 각자 출연하여 동일인임을 극구 부인하며 서로에 대해 재미가 없다, 발랄하다 등 객관적인 평가를 하는 장면은 많은 사람들로 하여금 웃음을 금치 못하게 했다.

이처럼 부캐는 공식적으로는 본캐와 동일인임을 부인하는 상황을 만들고 그것을 모든 사람들과 함께 즐긴다. 그 이유는 다양할 수 있다. 기존의 본캐가 가지고 있는 선입관을 없애는 것이 부캐에 대한 공정한 평가에 도움이 될 수도 있을 것이고, 본인의 활동 영역을 넓히는 것에 도움이 될 수도 있을 것이며, 단지 재미를 위한 것일 수도 있을 것이다. 그러나 분명한 것은 2020년에 들어 한국의 예능 분야에서는 부캐 활동이 꽃을 피웠고 그 추세는 2021년으로 이어질 것이라는 것이다. 좀 더 변형된 양상을 띠며.

2. 트렌드의 원류: 가면

부캐는 한 마디로 페르소나로 설명할 수 있는데 이것은 그리스의 연극무대에서 배우들이 쓰는 가면을 뜻하는 라틴어이다. 이것은 특정 상황에 있어서 외부에 표출하는 인격이라는 의미이다. 즉 배역에서 주어진 역할에 따라 가지는 태도인 것이다. 우리 나라의 전래 마당극인 탈춤을 보면 어느 탈을 쓰는가에 따라 배우 본래의 성격은 감추어지고 양반의 탈을 쓰면 양반의 캐릭터를, 상놈의 탈을 쓰면 상놈의 캐릭터를 표현하게 된다.

요즘 영화 감독의 페르소나라는 표현도 많이 사용되는데 이것은 특정 감독이 표현하고 싶은 캐릭터를 정확하게 표현할 수 있는 배우라는 의미로 사용된다. 예를 들어 봉준호 감독의 페르소나라고 불리는 배우 송강호는 특정 캐릭터에 대한 봉준호 감독의 의도를 가장 잘 이해하고 표현하는 배우라는 뜻이다. 즉 굳이 가면을 쓰지 않더라도 상황에 맞는 주어진 배역을 수행하는 것이 바로 페르소나이고 이것이 부캐의 원류라 할 수 있다.

페르소나는 감독의 분신

3. 유사 트렌드

그런데 사실 연극이나 영화가 아니더라도 여러 상황에 따라 사람이 여러 가면을 쓰는 경우는 주변에서 쉽게 볼 수 있다. 사람은 부모에 대해서는 자식이자 자식에 대해서는 부모의 역할을 하고, 직장에서는 조직의 업무를 수행하는 구성원, 취미 클럽에서는 주체적으로 즐기는 개인의 캐릭터를 갖는다. 이것은 일상적 상황에 따라 역할이 상이하게 주어지기 때문에 그에 따라 상이한 행동을 보이는 자연스러운 경우이다. 그런데 어떤 경우에는 옷만 바꾸어 입어도 전혀 다른 행동을 보이는 경우도 있다. 예를 들어 멀쩡한 직장인도 예비군복만 입으면 전혀 다른 사람처럼 행동하는 것을 가끔 볼 수 있다. 이것은 부캐가 부정적으로 작용하는 사례이다. 또한 본인의 본캐가 알려져 있는 경우와 그렇지 않은 경우에 있어서 부캐의 행동이 딴판일 수도 있다. 인터넷 익명

게시판에 몰상식한 댓글을 다는 경우가 그러하다. 마지막으로 병적으로 다중 인격을 갖는 경우도 있을 수 있는데, 평소에는 온순한 성격을 견지하다가 범죄를 저지르는 순간에는 싸이코로 돌변하는 범죄자를 볼 수 있다. 이러한 병적인 상태도 넓은 의미에서 부캐 또는 멀티캐의 한 형태로 볼 수 있다.

예명과 필명, 그리고 아바타

부캐라는 이름이 탄생하기 전에도 사람을 다른 이름으로 부르는 관행은 오래 되었다. 가장 흔한 것은 별명인데 그것은 본인이 스스로 캐릭터를 만드는 것이 아니라 주변 사람들이 일방적으로 붙이는 경우가 대부분이므로 부캐와는 거리가 멀다. 태명이나 애칭도 마찬가지로 본인이 붙이는 이름은 아니다.

별명, 태명, 애칭보다 본인의 의지가 조금 더 반영되는 것은 호이다. 퇴계 이황, 율곡 이이 등 본명과 함께 불리는 호는 주로 어른들에 의해 지어져서 본인의 의지에 의해 사용된다. 카톨릭 교회에서 세례를 받았을 때의 세례명이나 출가하여 받는 법명 등은 종교 지도자들에 의해 지어져서 종교적 모임 내에서 주로 사용된다.

온전히 본인의 의지에 의해 지어지는 이름은 주로 예명과 필명에서 볼 수 있다. 예명은 연예인이 연예활동을 할 때에 사용하는 것으로서 대중에게 기억되기 쉽고 본인의 특징을 알릴 수 있는 이름으로 정하게 된다. 예전에는 본명과 같은 자연스러운 예명을 사용하고 본명을 밝히기 꺼리는 분위기가 존재했으나 지금은 오히려 촌스러운 본명을 밝혀서 친근한 이미지를 주는 것도 마다하지 않는다. 그래서 '용감한 형제', '코드 쿤스트', '대도서관'과 같은, 절대 본명이 될 수 없는 예명을 대놓고 사용하는 경우가 종종 발견된다.

필명은 작가가 작품을 발표할 때 쓰는 이름으로서 예전에는 여성 작가가 여성이라는 이유로 무시당하는 일을 피하기 위해 남자 이름의 필명을 사용하기도 했다고 한다. 최근에는 웹소설이나 웹툰을 짓는 작가들이 본인의 이전 작품과 비교되는 것이 싫어서 계속 새로운 필명을 사용하기도 한다고 한다. 또한 청와대 국민청원에 '시무 7조'를 올리고 자신의 블로그에 특정 정당 대표에 대해 '산성가'를 올렸던 진인 조은산은 본인이 올리는 정치적 메시지에 의해 사생활이 침해당하는 것을 방지하기 위해 필명을 사용했던 경우이다. 어느 경우이든 연예인이 예명을 사용하듯 작가는 저술 활동에서의 이미지를 형성하기 위해 필명을 사용한다. 저술의 영역에서의 또 다른 자아를 창조하는 것이다. 우리가 잘 아는 마크 트웨인도 필명이며 본명은 Samuel Langhorne Clemens이다.

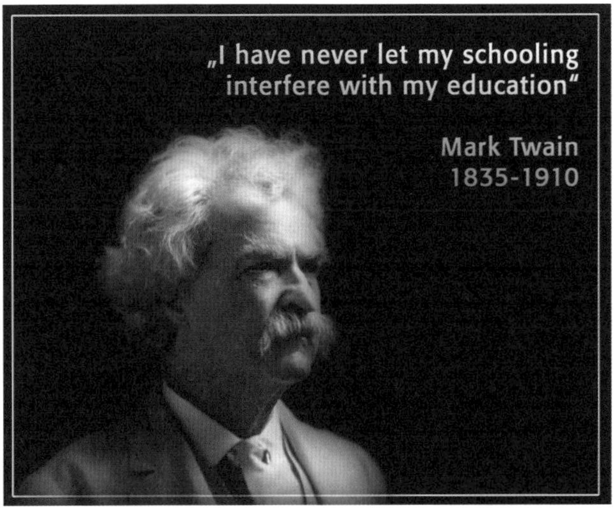

마크 트웨인

인터넷 게임이 발전하면서 게임 내에서 사용하는 이름도 마치 예명이나 필명처럼 사용되고 있다. 〈스타크래프트〉의 전성기에 활약했던 게이머 이기석의 게임명은 '쌈장'이었던 것을 기억하는가? 대부분의 다중 접속자 온라인 롤플레잉 게임(MMORPG)에서는 본인을 상징하는 닉네임으로 게임에 참여하고, 〈심즈〉나 〈세컨드 라이프〉와 같이 캐릭터를 발전시켜서 또 하나의 인생을 창조하는 성격의 게임에서는 본인의 분신과 같은 부캐를 사용했다. 싸이월드 미니홈피에서 본인의 아바타를 꾸미기 위해 아낌없이 사용했던 도토리는 가상 공간에 존재하는 나의 부캐에 대한 애정의 반영이었다.

이러한 예명과 필명, 그리고 아바타는 본인이 보여주고자 하는 이미지를 차별화하는 것에 효과적으로 사용될 수 있었다. 예를 들어 본

아바타

"The Artist" 또는 프린스

명이 강신영인 배우 신성일은 국회위원으로 일 할 때에 배우의 이미지를 벗고 정치인의 이미지를 만들기 위해 강신성일로 본명을 바꾸었고, 가수 비는 연기자로 활동할 때에는 본명인 정지훈을 사용했다.

예외적으로 본인의 의지와 무관하게 법적 문제로 인해 기존의 예명을 사용하지 못하고 다른 이름을 사용해야 했던 경우도 존재한다. 그룹 '비스트'는 이전 소속사와의 계약이 종료됨에 따라 새로운 소속사에서 '하이라이트'로 이름을 바꾸어 활동하고 있고, 가수 프린스는 앨범의 지적재산권 문제로 분쟁이 발생하자 1993년부터는 문자로 된 이름을 거부하고 남성과 여성의 심볼을 합성한 ♀을 자신을 나타내는 기호로 사용하게 했다. 이후 이 가수를 지칭할 때에는 '디 아티스트(그 가수)'로 소개하게 되었다.

복면가왕

예명과 필명, 아바타가 모두 본인의 본캐를 전제로 한 것임에 비해 한

시적인 익명성을 바탕으로 부캐를 선보이는 경우도 있다. 가면을 쓰고 노래를 불러서 경연을 벌이는 〈복면가왕〉이 그 예이다. '미스터리 음악쇼'를 표방하는 이 프로그램에서는 정체를 감춘 사람들이 부르는 노래만을 편견과 선입견 없이 평가한다는 것을 포인트로 삼고 있다. 여기에 출연하는 사람들은 가수만이 아니라 연기자와 체육인 등 다양하다. 심지어 남성이 여성처럼 출연하기도 하고, 외국인이 한국인처럼 출연하기도 한다. 특정한 주제에 따라 제작된 가면을 쓰고 출연하기 때문에 여기에서의 부캐는 자연스럽게 가면에 따라 이름 지어진다.

〈복면가왕〉에서의 부캐가 흥미로운 이유는 가왕으로 결정된 이후 한 두 회가 지나면 복면 뒤의 본캐가 누구인지 거의 알려지게 됨에도 불구하고 공식적으로는 언급하지 않는다는 것이다. 예를 들어 최장기 우승 기록을 세운 가수 하현우는 '우리동네 음악대장'이라는 부캐로 9회나 우승했는데 매번 가왕을 뽑을 때에 사람들은 하현우가 아닌 '우리동네 음악대장'의 노래 실력을 평가했다. 즉 가수로서의 하현우와 가왕으로서의 '우리동네 음악대장'의 캐릭터를 구분하여 하현우가 부캐에서 최선을 다 할 수 있도록 도왔다고 할 수 있다. 이것은 바로 부캐의 장점을 극대화하려는 암묵적 익명성 설정으로 볼 수 있다. 〈환불원정대〉에서 이효리가 맡은 부캐인 '천옥'이 이상순을 남편이 아니라 동거인으로 표현하는 것은 이러한 소소한 재미를 극대화하려는 시도였다.

투잡과 취미와 은퇴 후 생활

앞에서 잠시 서명했지만 연예인이 아닌 일반인도 일상 생활에서 다양한 형태의 부캐를 행동하면서 살고 있다. 집에서는 한없이 너그러운 아버지도 회사에서는 냉정한 직장상사로 돌변하고, 동생한테는 엄격한 형도 애인 앞에서는 온순한 인간으로 돌변한다. 여기에서는 이러한 개인적 성격에 초점을 맞추기 보다는 사회생활에서의 활동에 대해 다루기로 한다.

2020년의 트렌드를 보면 유독 청년층의 자기계발에 높은 관심이 집중된 것을 발견할 수 있다. 부동산 가격이 치솟아서 근로소득 가지고는 절대로 원하는 집을 구입할 수 없다는 비관적인 전망에 대해 대체로 두 가지의 상반된 반응이 떠오르는 것 같다. 한 가지는 적극적인 투자를 통해 재산을 형성하려는 것이고 또 다른 한 가지는 최선을 다해서 일상을 즐기려는 것이다. 이러한 트렌드에 따라 자기계발서도 투자 기법을 설명하는 서적과 주관적 만족을 찾는 방법을 설명하는 서적으로 크게 구분되었다.

부캐의 관점에 볼 때 재산을 형성하는 과정에서의 부캐는 다양한 영역에서 전문성을 추구하는 캐릭터이다. 낮에는 본업에 충실하면서도 밤에는 해외 주식이나 파생 상품 투자에 열중할 수 있다. 경매로 나온 부동산을 눈여겨보는 사람들도 있고, 기업 공개로 풀리는 공모주 청약을 하기 위해 억대의 청약증거금을 대출하는 사람들도 있다. 2020년에 후반기에 상장된 기업들은 워낙 경쟁률이 높아서 1억을 준비금으로 넣어도 한 주 또는 두 주를 배정받을 정도였다.

재정적인 성공을 추구하지 않더라도 본인만의 취미를 추구하기 위해 부캐를 만드는 사람들도 있다. 드라마 〈슬기로운 의사생활〉에 등장하는 40대의 의사들은 바쁜 업무에도 불구하고 밴드 연주활동을 이어간다. 2020년에 제작된 광고들을 보면 하루 일과를 마친 직장인들이 두 번째의 일과인 취미생활을 즐기는 모습을 강조한 것이 눈길을

은퇴 후의 삶은 중요하다

끌었다. 일과 여가생활의 균형을 추구하면서 더 나아가 여가생활에서 본인의 또 다른 정체성을 찾는 것이다.

투잡과 취미에서의 부캐가 본캐와 병행하는 것이라면 은퇴 후 생활은 제2의 본캐와 같은 성격을 갖는다. 의학의 발전에 따라 수명이 연장되면서 은퇴 후 직업에 대한 관심이 급속히 높아지고 있는 이 시점에서 은퇴 전에 적절한 부캐를 개발하는 것은 은퇴를 앞둔 중년에게는 매우 중요한 고민이 되고 있다. 은퇴 후 20년 이상의 활동 기간에 일할 직업을 찾기 위한 다양한 창업과 기술 교육 과정은 은퇴 전 부캐 설정을 돕고 있다.

4. 2021년 트렌드 예측: 부캐를 넘어서 정체성의 확장으로

2020년에 유행했던 부캐는 예부터 사용되어 왔던 예명과 가명, 또는 투잡의 개념과 관련되어 있지만 이제 시간과 공간에 걸쳐 한층 복잡한 양상으로 진화하고 있다. 가장 뚜렷한 추세를 들자면 기존의 예명, 가명, 또는 투잡이 본캐와 단절하기 위한 현실적인 목적을 추구하기 위해 사용되어 왔다면 현재의 부캐는 오히려 본캐와의 연결성을 활용하고 유희적인 목적을 위해 사용되는 양상을 보이고 있으며 그 대표적인 사례를 예능 프로그램 〈즐거운 토요일〉의 유재석의 다양한 부캐에서 볼 수 있다. 2021년의 부캐는 일회성, 현실성, 부수성을 넘어서 지속성, 유희성, 본질성의 성격을 띨 것으로 예측된다.

첫째, 과거의 부캐는 대체로 일정 기간 지속되고는 사라지는 일회성을 기본적 특징으로 가지고 있었다. 인터넷 모임에서의 닉네임 또는 아이디는 해당 모임에서만 통용되는 부캐이며 시간이 지남에 따라 자연스럽게 사라지곤 했다. TV 프로그램에서 등장했던 인상적인 배역도 해당 프로그램이 종영되면서 자연스럽게 기억 속으로 사라지곤 한다. 그러나 2007년에 방송되었던 〈커피프린스 1호점〉의 주역들이 다시 모여서 13년 전 방송을 회고하는 〈다큐플렉스〉가 2020년 가을에 방영되어 은찬(윤은혜), 최한결(공유), 한유주(채정안), 최한성(이선균) 등의 극중 이름이 아직도 시청자들과 연기자 당사자에게 생생히 남아 있음을 일깨워 주었는데, 이러한 캐릭터의 지속성은 물론 〈커피프린스 1호점〉이라는 드라마가 가지고 있는 높은 인기에 기반한 것이겠지만 그와 더불어 현재 대세를 이루고 있는 레트로 트렌드를 부정할 수 없을 것이다. 2021년에도 지속될 레트로 트렌드와 결합하여 과거의 부캐가 현재에 다시 사용되는 추세가 발견될 것으로 예측된다.

둘째, 과거의 필명이나 예명은 저술 활동이나 연기 활동 등에서 전적으로 사용하기 위해 사용되었다. 물론 앞으로도 새로 데뷔하는 가수나 연기자는 그 활동을 위한 현실적인 목적에서 예명을 사용할 것이다. 그러나 2020년에 등장했던 '캡사이신'이나 '마미손'을 보면 현실적인 목적와 더불어 유희적인 목적으로 부캐를 활용하는 것을 볼 수 있다. 뻔히 본캐가 드러난 상태에서 본캐를 부정하고 본캐와의 관계를 (경쟁자라든지, 후배라든지) 설명하는 유희적 설정은 2021년에 더욱 다양한 형태로 진화할 것이다.

셋째, 과거의 닉네임이나 별명은 말 그대로 본캐를 설명하는 특성을 나타내는 이름이었다. 예능인의 예를 들자면 '유느님', '백주부', 손날두' 등은 각각 예능의 신 유재석, 주부와 같이 능수능란한 백종원, 호날두 수준의 축구 실력을 자랑하는 손흥민을 지칭하는 별명이다. 예능인이 아닌 일반인의 경우에도 은퇴 전까지는 해당 분야에서의 전문성이 그 사람의 정체성을 나타내는 중요한 특성이 된다. 그러나 연예인과 같은 특수 직업이거나 본인이 직접 사업을 하는 경우를 제외하고는 은퇴의 시점은 필연적으로 다가오게 되고, 은퇴 후 20년에서 30년까지의 제2의 인생이 시작하게 마련이다. 그 때의 경제적인 풍요함 또는 더 나은 삶의 질을 위해서 새로운 분야에서의 부캐가 중요하게 되고, 이것은 사람의 기대수명이 늘어남에 따라 점점 더 증가할 것이다. 즉 은퇴 전에 준비한 부캐는 제2의 삶에 있어서의 본캐가 될 것이고 적절한 부캐 설정 여부는 한 인생의 정체성의 성공적인 전환 또는 확장 여부를 결정할 것이다.

9 인생은 짧고 예능은 길다

1. 트렌드의 발견: 영역 파괴 예능 전성시대

정치인, 스포츠인, 예능인 사이의 영역이 모호해지고 있다. 이재명 경기도지사는 SBS 〈동상이몽 시즌2-너는 내 운명〉에 아내와 함께 출연

〈어프렌티스〉로 이름을 알린 트럼프

했고 기동민 의원은 tvN의 〈둥지탈출〉에 출연했다. 김광진 전의원과 이준석 전최고위원도 tvN의 〈소사이어티 게임2〉에 출연했다. 이 프로그램들은 토론이나 시사 프로그램이 아닌 평범한 예능 프로그램이다. 미국의 45대 대통령인 도널드 트럼프도 리얼리티 쇼인 〈어프렌티스〉에 출연해서 인기를 끌었다. JTBC의 〈뭉쳐야 찬다〉에서는 전현직 국가대표들이 축구를 하고, MBC의 〈아이돌 스타 육상대회〉에서는 아이돌 스타들이 육상, 수영, e스포츠 등에서 경쟁한다. 짝짓기 예능 포맷에서도 예전에는 연예인들의 가상 짝짓기 프로그램이었던 〈우리 결혼했어요〉나 일반인들의 짝짓기 프로그램이었던 〈하트 시그널〉이 주류를 이루었으나 그 이후 연예인 딸이 남자를 소개받는 〈내 딸의 남자들〉이나 연예인의 사별한 어머니에게 데이트 상대를 찾아주는 〈엄마의 소개팅〉, 그리고 김종민, 이필모 등 연예인이 비연예인과 만나서 데이트를 하는 모습을 보여주는 〈연애의 맛〉 등 일반인과 연예인의 영역이 파괴된 프로그램이 방영되었다. 소위 영역 파괴 예능의 트렌드가 이어지고 있다. 이러한 트렌드의 원류는 과연 무엇이고 이 트렌드는 2021년에 어떻게 진행될 것인가?

2. 트렌드의 원류: 폴리테이너

영화배우나 체육인이 정치인으로 변신하는 사례는 종종 있었다. 외국에서도 영화배우였던 로널드 레이건이 1981년에 대통령으로 당선되고, 아놀드 슈워제네거는 2003년에 캘리포니아 주지사에 당선되었다. 우리나라에서도 연예인 출신 국회의원으로 홍성우, 이낙훈, 최무룡,

정치인으로 변신한 슈워제네거

이주일, 이순재, 최불암, 강부자, 신영균, 최희준, 강신성일, 김을동, 정한용, 변웅전, 최종원, 유정현, 한선교, 이계진 등이 있고, 손숙, 김명곤, 유인촌 등은 장관직을 수행했으며, 체육인 출신 국회의원으로는 황호동(역도), 이에리사(탁구), 문대성(태권도), 임오경(핸드볼), 이용(봅슬레이) 등이 있다. 조훈현 9단은 바둑인 출신 국회의원이기도 하다. 직업적 정치활동은 하지 않지만 연예인 활동을 하면서 정치적 견해를 드러내는 경우에도 넓은 의미에서 폴리테이너라 한다.

이들이 임기가 끝난 후에 다시 연예인으로 돌아온 사례는 종종 있지만 국회의원과 연예인을 병행하는 일은 거의 없었다. 이러한 의미에서 폴리테이너는 교수 활동을 하면서 정치적 활동을 하는 폴리프로페서와는 성격이 약간 다르다. 물론 교수의 본분 중 하나인 교육을 포기하는 극단적인 경우에 부정적인 의미로 폴리프로페서라는 이름을 붙이기도 하지만 교수의 역할 중에는 정치 사회적인 의견을 제시하는 역할도 포함되므로 엄밀히 말하면 교수의 사회참여는 역할파괴라고 보기는 어렵다. 그런데 이제는 정치활동과 연예활동을 병행하는 것에 대해 사회적 인식이 개방된 것으로 보인다. 예를 들어 전직 씨름선수인 이만기는 연예 프로그램에 꾸준히 등장하면서도 정치인으로 활동할 계획이 있냐는 질문을 지속적으로 받는다. 본인은 극구 부인하지만.

3. 유사 트렌드

정치인, 스포츠인, 예능인의 영역이 사라지게 된 하나의 이유는 리얼리티 프로그램이 광범위하게 도입되면서 다양한 경력의 사람들을 특정 상황에서 관찰하는 포맷이 유행했던 것을 들 수 있다. 이러한 리얼리티 프로그램에서 정치인과 스포츠인, 그리고 그 가족들은 일상 생활을 공개하거나 퀴즈를 풀거나 운동 경기를 하면서 예능인과 일반인의 영역으로 들어왔다. 그러나 단지 리얼리티 프로그램에서만 이러한 영역 파괴가 일어났던 것은 아니다. 보다 다양한 활동 영역의 확장이 진행된 것을 여러 유사 트렌드에서 찾아볼 수 있다.

정치인의 탈권위화

정치인의 소신을 묻는 대담 또는 인터뷰 프로그램은 과거에는 주로 주말 심야나 일요일 아침시간을 이용해서 장시간 진지하게 진행되었다. 대담을 진행하는 아나운서도 인터뷰 대상자의 연령대이거나 적어도 중진급의 인물을 택하게 마련이었다. 그런데 2016~2018년에 진행되었던 양세형의 〈숏터뷰〉는 5~10분의 짧은 시간동안 기상천외한 질문과 태도로 인터뷰 대상을 당황하게 만드는 포맷을 선보였는데 이 도전적인 프로그램에 남경필, 유승민, 심상정, 이재명 등 정치인들도 출연했다. 아마도 탈권위를 지향하는 프로그램에 출연하는 것 자체로 권위적이지 않은 정치인의 이미지를 강조하는 효과를 가질 수 있었던 것 같다.

보수와 진보 진영의 현직 정치인이 시사 예능 프로그램에 등장하여 상대 진영과 토론을 벌이는 포맷도 어느덧 익숙하게 받아들여지고 있다. 국회나 청문회장과 같이 정색을 하고 논쟁을 하는 것이 아니라 방송사가 정해준 스크립트의 제약 내에서 수위 조절을 하는 방식으로 말이다. 그런데 특이한 점은 이 시사 예능 프로그램에 등장하는 정치인들이 실제로 정치에 복귀하는 사례가 증가하고 있다는 것이다. JTBC의 〈썰전〉에서는 진보의 유시민 전 장관과 보수의 전원책 변호사가 대결했는데 이 두 인물은 각자의 진영에서 정치 활동으로 복귀했다는 평가를 받고 있다. 채널 A의 〈외부자들〉, TV조선의 〈강적들〉, MBN의 〈판도라〉 등에도 안영환, 이동관, 이준석, 박지원, 장제원, 박형준, 유승민, 정창래, 하태경, 차명진 등 정치인들이 등장하여 정치활동과 시사 예능의 선을 없앴다. 사실 이러한 프로그램의 시청자들에게는 혼란을 야기할 수도 있는 측면이 있는데, 바로 국회에서 보는 극단적인 대립의 모습과 TV에서 보는 여유롭고 해학이 깃든 대담의 모습이 공존할 수 있다는 점이다. 몸싸움과 막말, 기물 파손이 난무하는 뉴스를 보았던 시청자들은 바로 그 정치인들이 웃으며 대담하는 시사 예능 프로그램을 보면서 아무리 골수 정당인이라도 정치적 영역에서 예능의 영역으로 들어오면 일반 예능인과 다를 바 없다는 생각을 갖게 된다.

스포츠인의 예능인화

'평생 경력의 진지함'이 예능의 영역에서 보기 좋게 깨어지는 것은 정치인만이 아니다. 〈뭉쳐야 찬다〉는 야구, 농구, 씨름, 격투기, 빙상, 수영, 태권도, 배드민턴, 펜싱 등에서 국가대표를 했거나 그 정도 수준에 도달했던 국보급 선수들을 모아서 일반 아마추어 팀과 축구경기를 하게 하는 예능을 보여주었다. 이들이 현직 시절에 보여주었던 감동과 진지함은 지금 보여주는 우스꽝스러운 몸짓으로 인해 친근하게 전환된다. 또한 박세리(골프), 남현희(펜싱), 자매인 이재영과 이다영(배구), 곽민정(피겨스케이팅), 정유인(수영), 한유미(배구), 김은혜(농구)를 주인공으로 한 〈노는 언니〉 역시 전현직 정상급 선수들이 몸개그를 펼치는 장면을 보여주었다.

스포츠인은 체력적으로 전성기가 제한된다는 측면에서 국제 경기 등에서 방송을 통해 얻은 인지도를 예능 프로그램 출연으로 유지하려는 의지가 존재한다. 이 상황에서 현역 시절에서는 전 인생을 좌

e스포츠 대회

안톤 오노

우할 것 같았던 치열한 라이벌 구도가 예능의 영역에서는 오히려 흥미의 소재가 되는 경우가 자주 발견된다. 씨름판에서의 이만기와 강호동, 농구에서의 서장훈과 현주엽, 그리고 프로게임에서의 임요한과 홍진호의 대결 구도가 예능 프로그램에 이식되는 장면이 종종 보이는 것이 이러한 이유이다. 정치인들과 마찬가지로 여기에서도 선수들의 전성기 때에 그토록 절실하게 보였던 경쟁 구도가 예능판에 와서는 가벼운 이야깃거리로 여겨지는 것을 볼 수 있다. 하긴, 2002년 솔트레이크시티 동계올림픽에서 김동성 선수와 진로방해 분쟁을 일으켜서 국민적 공분을 샀던 안톤 오노 선수마저 2013년에 강릉시내빙상경기장에 방문해서 김동성 선수와 함께 웃으며 사진을 찍었던 것을 보면 스포츠맨의 영원한 앙숙 관계도 존재하지 않는 것 같다.

성취형 예능과 프로페셔널리즘

농구스타 서장훈이 인기 높은 아이돌 가수와 탤런트 등을 모아서 진행했던 〈핸섬 타이거스〉는 오히려 너무 진지하게 농구의 경기력을 강조하다가 일찍 종영되기도 했다. 앞에서 예로 든 〈뭉쳐야 찬다〉에서는 전문가의 아마추어리즘을 강조했던 반면에 〈핸섬 타이거스〉는 비전문가의 프로페셔널리즘을 강조했던 프로그램이었다.

사실 일반인의 프로페셔널리즘을 강조하는 프로그램의 사례는 각종 경연대회와 오디션 프로그램에서 찾을 수 있다. 요리에서는 〈한식대첩〉, 패션디자인에서는 〈프로젝트 런웨이〉, 댄싱에서는 〈댄싱9〉, 그리고 음악 오디션 프로그램에서는 1980년에 시작된 〈전국노래자랑〉을 비롯해서 〈슈퍼스타 K〉, 〈위대한 탄생〉, 〈쇼미더머니〉, 〈프로듀스 101〉 등이 제작되었다. 이러한 프로그램들은 점차 기존의 연예인을 포함하는 방향으로 진화하여 〈프로듀스 101〉에서는 연예기획사 소속 연습생들이 경쟁하는 시즌이 포함되었고 요리에서도 아이돌이 참가하는 〈아이돌 요리왕〉이 방영되었다. 〈나는 가수다〉와 〈불후의 명곡〉의 경우 아예 기성 가수들끼리 경쟁을 하여 우승자를 가리는 포맷으로 제작되기도 했다. 2020년 11월에는 과거에 인기를 끌었던 가수가 다시 경연에 나서는 〈싱어게인〉이 방영을 시작했다.

예전의 경연대회는 단지 우승자를 뽑아서 상을 주고 끝내는 포맷이었던 반면에 최근의 경연대회는 일반인을 코치하여 전문 분야에 성공적으로 진입하게 하는 성취형 예능으로 진화했다는 특징을 볼 수 있다. 일반인과 기존 연예인이 팀을 이루어 다시 경쟁을 하는 〈보이스 코리아〉나 백종원이 기존의 식당 주인에게 코칭을 제공하여 더 나은 사업으로 발전시키는 〈골목식당〉, 일반인이 재능을 겨루는 〈코리아 갓

코리아 갓 탤런트 뉴욕 예선전

탤런트〉도 성취형 예능의 사례라 할 수 있다.

또한 연예인들이 음식을 만드는 경쟁을 통해 편의점에 새로운 상품을 출시하는 〈편스토랑〉은 예능 프로그램이 실제 사업화로 이어지는 포맷을 개발했다. 이 역시 방송사와 기업의 협업을 통해 연예인의 이름이 표기된 상품을 개발하여 수익으로 연결하는 성취형 예능의 한 형태라 할 수 있다.

경쟁 대신 협력

2018년에 등장했던 〈옥탑방의 문제아들〉은 기존의 퀴즈 프로그램과 매우 다른 포맷을 선보여서 눈길을 끌었다. 출연자들이 서로 경쟁을 하는 것이 아니라 문제를 출제한 제작진과 경쟁을 하여 문제를 다 맞히면 방송을 끝내고 퇴근하는 형식을 보여준 것이다. 주관식으로 출제되는 문제를 맞히기 위해 김용만 등 출연자들은 기발한 방식으로 서

협력을 통한 성취

로 협력한다. 이러한 포맷은 〈신서유기〉에서도 사용되고 있는데, 나영석 피디가 출제하는 문제를 출연자가 모두 맞히면 상품으로 걸린 음식을 먹을 수 있는 기회를 얻을 수 있다. 또한 〈놀라운 토요일 도레미 마켓〉에서도 불분명하게 들리는 노래 가사를 신동엽 등 출연진이 힘을 합쳐서 제한된 횟수 내에 맞추면 상품으로 걸린 음식을 먹게 되고, 〈대탈출〉에서는 건물 내에 감금된 출연진이 서로 협력하여 제작진이 준비한 단서를 풀어서 탈출하는 과정을 보여준다.

최근 우후죽순처럼 탄생하고 있는 이러한 협력 예능 포맷은 출연진 상호간의 경쟁 구도보다는 협력을 통해 문제를 해결하는 것을 보고 싶은 시청자의 니즈를 반영한다고 할 수 있다. 단순히 보면 경쟁 구도를 출연진 상호 경쟁에서 출연진과 제작진의 경쟁으로 바꾸었다고 할 수도 있지만 사실 시청자가 관전하는 것은 (나영석 피디의 적극적 역할은 예외로 한다고 할 때) 출연진 사이의 협력이다. 하루 종일 사회

생활에서 다른 사람과의 경쟁에 시달렸던 시청자가 예능 프로그램에서는 경쟁보다는 협력을 통한 성취에 더 호감을 갖는 것도 이해할 만하다.

4. 2021년 트렌드 예측: 과연 무엇이 중한디?

이미 오랫동안 진행되고 있는 예능 프로그램들의 직업 영역 파괴, 성취형 포맷, 협력적 구도는 각기 다른 특성을 갖고 있는 듯하나 넓게 보면 하나의 공통점을 갖고 있는 것으로 보인다. 바로 탈권위화다. 정치 또는 스포츠분야에서의 가졌던 사자와 같은 카리스마적 권위도 예능의 영역에 들어오면 순한 양처럼 바뀌고, 우승자만 뽑고 끝나는 것이 아니라 그 우승자가 성공할 수 있는 코칭을 제공하며, 출연자가 서로 경쟁을 해서 이기는 것을 추구하는 것이 아니라 서로 협력을 해서 성취하는 것을 추구하는 트렌드는 2021년에 과연 어떤 형태로 진화할 것인가?

첫째, 예능 프로그램에서 싹튼 영역 파괴는 직업적 엄숙주의에 익숙한 사람들에게 더 높은 수준의 탈권위의 메시지를 던져줄 것이다. 국민의 행복을 위해 일하는 정치인이나 국가의 명예를 높이기 위해 사명을 다 하는 국가대표들도 예능 영역에서는 일반인과 같은 허술하고 인간적인 면모를 보여주듯, 우리가 암묵적으로 경외하는 다른 많은 전문적 직업군의 사람들에 대해서도 불필요한 엄숙주의를 적용하지 않게 될 것이다. 상아탑에 살고 있는 듯한 근엄한 교수도, 준엄하게 형량을 선고하는 법관도, 중대한 국가 정책을 결정하는 고위 공직자도 결국 하루 세 끼를 먹는 평범한 생활인일 뿐이라는 인식이 자리잡으면서 직업에 따르는 전근대적 권위주의는 점차 사라질 것이다.

둘째, 결과보다는 과정을 중시하는 탈권위가 확산될 것이다. 일회적 성공을 추구하는 추세에서 장기적 성장을 중시하는 추세로 전환되면 한 번의 성공을 위해 비정상적 술수를 사용하거나 다른 사람과의 관계를 무시하는 행동을 하기는 힘들다. 예능 프로그램에서 조성된 이 분위기는 앞으로도 평가와 판단으로만 그치는 대신 코칭과 도움을 통한 성장을 주제로 하는 다양한 사회적 장치로 이어질 것으로 보인다.

셋째, 경쟁보다는 협력을 중시하는 탈권위가 확산될 것이다. 경쟁은 흥미를 유발하고 단기적인 성과를 높이는 방법으로 널리 이용되는 수단이지만 경쟁에 참여하는 사람을 수단시하는 단점을 갖고 있다. 협력을 강조하는 최근의 예능 프로그램에서 강조하는 것은 우승자를 가리는 과정이 갖는 흥미보다는 협력에 참여하는 사람들이 각자의 시각을 어떤 방식으로 기여하는가에 중점을 두고 있다. 같은 노래를 들으면서도 다르게 받아쓰는 현상을 〈놀라운 토요일 도레미 마켓〉에서 보여주고 있고 결국 모두에게 이득이 되는 결과를 얻기 위해서는 한 사람의 독단적인 결정에 의존하기보다는 소수 의견도 존중해야 하는 지혜를 발견하게 되는 것이다.

이러한 탈권위의 트렌드는 TV 예능 프로그램을 넘어서 2021년의 한국인의 일상에 유의미한 영향을 미칠 것으로 보인다. 우리의 인생에서 과연 무엇이 중한 것인가? 직업적 엄숙주의와 단기적 성공지향주의와 경쟁지상주의에 지친 사람들은 보다 가벼운 삶의 방식을 찾을 가능성이 크다. 아마도 그 방식은 우리에게 과거보다는 더 편한 일상을 가져올 것 같다.

10 외전의 복합적 진화

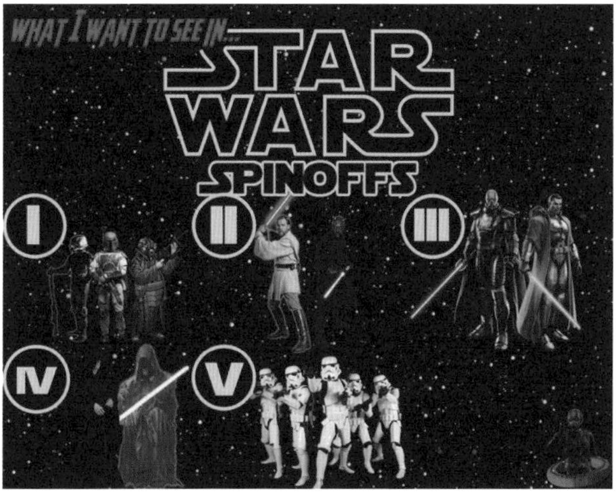

〈스타워즈〉의 스핀오프

외전은 어느새 익숙한 단어로 다가왔다. 외전은 주로 SNS 방송 형태의 쇼트폼으로 공개되는데, 기존에는 본방송에 담지 못한 영상을 짧게 웹에서 공개하는 형태를 띠었으나 이제는 그 자체로 본방송과 차별화되는 콘텐츠로 제작하고 있다. 예능 프로그램의 예를 보자면 〈신서유기〉의 외전인 〈아이슬란드 간 세끼〉와 〈삼시세끼〉의 외전인 〈삼시네세끼〉, 〈아는 형님〉의 외전인 〈방과후 활동〉, 〈맛있는 녀석들〉의 외전인 〈시켜서 한다, 오늘부터 운동뚱〉, 〈나 혼자 산다〉의 외전인 〈여은파〉, 그리고 〈뭉쳐야 찬다〉의 외전인 〈감독님이 보고 계셔, 오싹한 과외〉 등 수많은 외전이 태어났다. 케이블 보도채널에서도 JTBC 〈뉴스룸〉이 끝난 후 〈JTBC 소셜라이브〉가 진행되고, 채널A의 〈김진의 돌직구쇼〉가 끝난 직후에도 〈라방〉이라는 유튜브 방송이 이어진다. 라디오에서도 CBS 시사 프로그램 〈김현정의 뉴스쇼〉가 끝난 후 방송되는 〈댓꿀쇼〉가 있을 정도로 쇼트폼 외전은 장르를 가리지 않고 확장되는 중이다. 이전에는 공중파 방송 시간의 한계로 인해 제한되었던 콘텐츠가 SNS 콘텐츠로 자리를 옮겨 시청자에게 노출되고 있다. 이러한 다양한 쇼트폼 외전은 이미 우리의 콘텐츠 소비형태를 바꾸고 있다.

1. 트렌드의 발견: 외전의 전성기

외전은 다양한 분야에서 맹위를 떨치고 있다. 앞에서 설명했듯이 TV에서는 주로 예능 프로그램에서 수많은 외전이 탄생하고 있지만, 영화 분야에서는 이미 많은 외전들이 '스핀오프'라는 이름으로 탄생했다. 예를 들어 스타워즈는 1977년에 첫 시리즈가 시작된 이후 1983년까지 오리지널 시리즈가, 1999년에서 2005년까지 프리퀄이, 그리고 2015년부터 2019년까지 시퀄이 상영되었는데 그 중간인 2016년과 2018년에는 스핀오프인 〈로그원〉과 〈한 솔로〉가 개봉되면서 각 인물들의 개별적인 이야기를 소개했다. 프리퀄과 시퀄은 본편을 구성하지만 스핀오프는 본편의 세계관을 가져오면서 그 접점에 있는 스토리를 구체적으로 설명하는 형식을 가진 독립적인 영화이다. 〈스파이더맨〉

조커 역의 호아킨 피닉스

은 〈스파이더맨: 뉴 유니버스〉라는 스핀오프를, 〈배트맨〉은 호아킨 피닉스가 주연하여 아카데미상을 거머쥔 〈조커〉라는 스핀오프를 낳았다.

만화와 게임을 즐기는 10대라면 외전에 대해 더 익숙할 것이다. 흥미로운 것은 만화나 게임에서는 외전과 스핀오프가 구분된다는 것이다. 두 형식 모두 본편의 세계관을 공유하는 것은 동일하지만 외전은 이야기의 접점이 있다는 것이고 스핀오프는 이야기의 접점이 존재하지 않는다는 것이다. 아무튼 수 많은 외전 중 몇 개의 예를 들자면 전설적인 게임인 〈던전 앤 파이터〉는 〈사이퍼스〉라는 외전을, 〈메이플 스토리〉는 〈프렌즈 스토리〉라는 외전을 낳았으며, 애니메이션인 〈곰돌이 푸〉는 〈티거무비〉를, 〈라이언 킹〉은 〈티몬과 품바〉를 낳았고, 만화인 〈근육맨〉은 〈투장 라면맨〉을, 〈Magic Kaito〉는 〈명탐정 코난〉을 낳았다.

그렇다면 왜 외전 또는 스핀오프가 이처럼 전성기를 맞고 있는 것일까? 일단 예능프로그램에서 제작자가 쇼트폼 외전을 만드는 이유는

〈코난〉의 원전인 〈카이토〉

비교적 단순하다. 본편의 인기를 배경으로 제작비용이 저렴한 SNS용 프로그램을 만들었을 때에 손쉽게 수만 명의 시청자를 유인할 수 있고, 시청자의 반응을 실시간으로 체크할 수 있으며, 공중파에서 다루지 못하는 내용을 인터넷 방송에서는 다룰 수 있기 때문이다. 공중파에서는 숙명적인 의무인 방송시간 준수와 광고 수주의 부담해야 벗어날 수 있는 것도 중요한 장점이다. 다만 아직 명확한 수익모델이 정립되지 않았다는 단점이 있는데, 많은 구독자를 확보한 상태에서는 어떤 방식이든 수익이 따라올 것이라는 낙관론이 우세하다. 즉 밑져야 본전이고 잘 되면 대박이라는 관측이다.

이러한 이유는 영화나 게임, 만화, 애니메이션에도 공통적으로 적용될 수 있다. 다만 예능 프로그램과 다른 점은 예능 프로그램만큼 제작 과정에서 가볍고 짧게 만드는 장점을 취할 수는 없다는 것이다. 그렇다면 어떤 장점이 있는 것일까? 바로 실패의 불확실성을 감소할 수 있다는 장점을 들 수 있다. 문화콘텐츠 제작의 중요한 특성 중 한 가지는 콘텐츠 수요자가 실제로 해당 콘텐츠를 소비하기 전에는 그 가치를 알기 힘들기 때문에 구매를 설득하기에 어렵다는 것이다. 그러나 외전이나 스핀오프의 경우 이미 인기가 검증된 세계관을 기반으로 제작되기 때문에 덕후와 같은 일정한 고정 수요자를 보장받게 된다. 사실 동일한 장르 내에서 새로운 내용의 콘텐츠를 제작하여 불확실성을 감소할 때에는 스핀오프 또는 외전 제작이라고 부르고, 다른 장르에서 동일한 내용의 콘텐츠를 제작하여 불확실성을 감소할 때에는 OSMU(One Source Multi Use) 전략이라 부른다. 외전 제작과 OSMU 전략은 동일한 목적을 추구하는 상이한 전략이라 할 수 있다.

2. 트렌드의 원류

외전이라는 용어의 유래는 불분명하다. 단지 본편 또는 원전과 대조되어 사용되며 원전에 추가되는 어떤 것, 또는 원전과 색다른 어떤 것을 의미하는 것으로 보인다. 사실 성경에는 '외경'이라는 것이 있는데 이것은 우리가 알고 있는 성경인 '정경'과 대비되어서 종교회의에서 인정받지 못해서 제외되었던 종교서적들을 의미한다. 여기에는 〈수산나〉, 〈유딧〉, 〈지혜서〉 등 생소한 이름의 문서들이 포함되는데, 이들은 여러 이유로 정경에는 포함되지 않았지만 종교개혁가인 마틴 루터도 읽어서 유익하다고 평가했을 정도로 성경을 이해하는 것에 도움이 되는 가치를 지닌다고 한다.

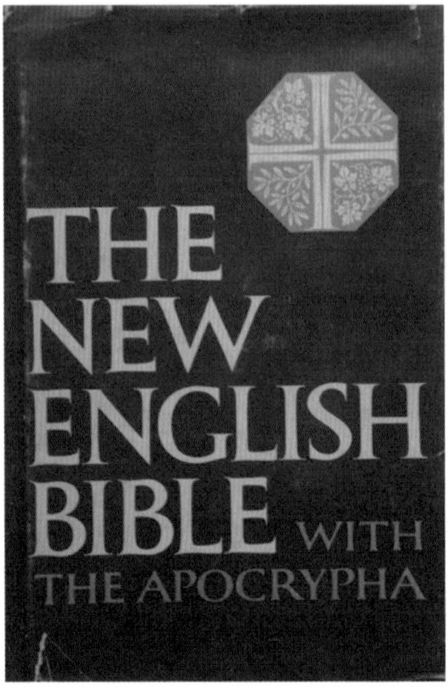

외경을 포함한 성경

3. 유사 트렌드

정경과 대비되는 외경이 이미 오래 전에 창작이 종료되었던 것과 달리, 본편과 대비되는 외전의 창작은 증가하고 있다. 그러나 외경을 읽으면서 정경의 내용을 더욱 입체적으로 파악할 수 있듯이, 콘텐츠 수요자들은 외전을 통해 본편의 세계관을 더욱 구체적으로 이해하고 당위성을 찾으려 한다. 그런데 사실 본편의 세계관을 보완하고 확장하는 기능을 하는 것은 외전만이 아니다. 시퀄, 프리퀄, 그리고 리부트는 모두 본편의 내용을 확장하는 기능을 수행한다.

시퀄 또는 속편

시퀄과 외전의 가장 큰 차이점은 두 이야기가 별도로 병행하는가 아니면 종료되지 않은 상태에서 이어지는가에 대한 것이다. 일반적으로 스토리가 1편, 2편, 3편 등으로 진행되는 것은 시퀄이지만 그 사이에 외전이 끼어드는 경우가 있다. 앞에서 설명했던 스타워즈의 경우 1977년에 시작한 스토리가 3부작으로 1983년에 종료했지만, 다시 2015년에 시퀄이 시작되어 2019년에 3부작으로 종료했다(그 중간인 1999년에서 2005년에는 프리퀄 3부작이 상영되었고 2016년과 2018년에는 외전이 삽입되었다).

제작자의 입장에서 시퀄은 선택사항과 같다. 영화나 드라마를 보다 보면 가끔 마지막 장면에 완결되지 않은 여운을 남긴 채 끝내는 경우가 있는데, 이것은 흥행여부에 따라 속편을 제작할 수도 있다는 감독의 시그널이라 할 수 있다. 특히 공포물의 경우 모두 제거되었다고 여겨졌던 외계인이나 괴물, 또는 악령 등이 마지막 장면에 기분 나쁜 소리를 내면서 살아있을지도 모른다는 느낌을 남기는 경우가 있는데, 이러한 영화의 속편이 나오지 않으면 "흥행에 실패했구나" 하고 쓴웃음을 짓게 된다.

속편은 대체로 실패한다는 속설이 있다. 전작의 성공에 잔뜩 기대에 찬 관객들이 실망하게 되는 이유도 있겠지만 일단 완결된 전작에 대해 다시 갈등구조를 조성하여 후속 이야기를 만드는 것은 사실 어렵기 때문이다. 본편의 인기에 부응하지 못하고 실패한 수많은 속편 중 하나만 예를 들자면 1979년에 개봉했던 〈러브 스토리 2〉를 들 수 있다. 1970년에 공전의 히트를 쳤던 〈러브 스토리〉의 시퀄로 기대를 모았지만 이미 본편에서 알리 맥그로우와 슬픈 이별을 겪었던 라이언 오

〈러브 스토리〉의 알리 맥그로우

닐이 새로운 여성과 펼치는 내용을 사람들은 받아들이기 힘들었던 것이다.

그러한 의미에서 2019년에 개봉되었던 〈겨울왕국 2〉나 2018년에 개봉되었던 〈신과 함께 2〉는 매우 예외적인 성공 사례를 보여준다. 본편의 주인공이 성장하여 겪는 이야기를 새롭게 엮어 나가는 일은 쉬운 일이 아니다. 이것은 외전에서도 마찬가지이다.

또한 여러 영화가 시퀄을 병행하는 경우도 나타나고 있다. 〈아이언맨〉, 〈어벤저스〉, 〈토르〉, 〈스파이더맨〉 등은 단독적인 시퀄을 제작하기보다는 다른 영화의 스토리 진행과 연결되는 시퀄을 제작하고 있다. 마블이라는 동일한 영화사에서 제작하는 영화들이기에 가능한 것이겠지만 여러 시리즈가 세계관을 공유하는 특이한 현상은 당분간 계속될 것으로 보인다.

〈신비한 동물사전〉

프리퀄

그러한 면에서 프리퀄은 시퀄에 비해 어쩌면 더 쉽게 관객의 호기심을 끌어 모을 가능성이 높다. 실망스러운 시퀄을 보면서 본편에서 느꼈던 감동을 잃을 것을 우려하는 위험에서 자유로우면서 "주인공이 왜 그러한 행동을 해야 했을까?"에 대한 답을 제공할 수 있기 때문이다. 물론 단점도 있다. 영화를 보는 재미 중 하나는 과연 이 이야기의 결말이 어떻게 될 것인가에 대해 조마조마한 마음으로 보는 것인데 프리퀄에서는 이미 결말을 아는 상태로 보기 때문이다.

프리퀄과 스핀오프는 때때로 명확하게 구분되지 않는다. 예를 들어 〈해리포터〉와 〈신비한 동물사전〉의 경우를 보면 프리퀄의 성격과 스핀오프의 성격을 모두 가지고 있다. 2020년 현재 2편까지 상영되었던 〈신비한 동물사전〉은 5편까지 제작될 것으로 예정되었다는데, 이대로 진행되어 〈해리포터〉 1편의 세계관과 연결된다면 〈스타워즈〉와 마찬가지로 본편의 프리퀄로 인정받을 것이다. 그렇지 않다면 본편의 일부 세계관을 사용한 외전의 지위로 남을 수도 있다.

프리퀄이라고 해도 흥행이 보장되는 것은 아니다. 예를 들어 1999년에 개봉하여 큰 성공을 거두었던 애니메이션 〈타잔〉의 프리퀄인 〈타잔 2〉는 2005년에 개봉되었는데 어린 타잔의 이야기를 다루었으나 성과는 매우 저조했다. 반면에 〈터미네이터〉나 〈엑스맨〉 등은 성공적인 프리퀄을 선보이며 흥행을 이어갔다. 프리퀄의 성공과 실패를 가르는 요인도 외전이 번성하는 이유와 일맥 상통하는 경향이 있다. 프로퀄이 단순한 본편의 추가적인 스토리를 소개하거나 색다른 상황에서의 새로운 적용만을 제시하는 것이라면 관객은 쉽게 흥미를 잃게 될 것이지만, 본편의 스토리를 확장하면서 그 자체로 입체적인 세계관을 표현하고, 나아가 본편의 스토리에 영향을 미칠 수 있다면(예를 들어 새로운 해석을 가능하게 하는) 프리퀄은 본편의 가치를 높이는 성공적인 콘텐츠가 될 수 있다. 외전도 마찬가지이다.

리부트

리부트는 시퀄과 프리퀄과는 전혀 다른 양상을 갖는데, 영화와 음악 분야에서는 리메이크와 비교하여 설명할 수 있다. 우리가 흔히 말하는 리메이크는 동일한 스토리를 시대를 달리하여 다시 만드는 것으로서 예를 들어 2018년에 개봉되어 레이디 가가에게 최우수 주제가상을 안겨준 〈스타탄생〉은 1937년에 처음으로 개봉된 이후 1954년과 1976년에 이어 세 번째 리메이크된 영화이다. 2008년에 빅뱅이 리메이크하여 인기를 누리고 2011년에는 고등학교 음악 교과서에 수록되었던 〈붉은 노을〉은 이문세가 1988년에 발표한 노래인데 이미 유리상자(2003), 신화(2004), 마야(2005), 버블시스터즈(2006)가 리메이크했었다. 영화와 음악에서의 리메이크는 당연히 당대에 인기 있는 연기자나 가수가 원전의 콘텐츠를 재연하는 것이지만 그 성공은 시대의 흐름을 얼마나 적절히 반영하는가에 달려 있다고 볼 수 있다. 예를 들어 〈스타탄생〉의 경우 남자 주인공이 자살을 하는 방법이 바다에 뛰어드는 방식에서 자동차를 질주하는 방식으로 변형되었고 〈붉은 노을〉은 랩 삽입과 리듬의 전면적인 개편을 거쳤다.

이와 조금 다른 개념으로서 각색 또는 현대화를 들 수 있는데, 예를 들어 뮤지컬 〈렌트〉와 〈미스 사이공〉은 오페라 〈라보엠〉과 〈나비부인〉을 각각 각색한 것이다. 이것은 전체적인 갈등구조를 차용하면서

영화 〈스타탄생〉의 주역들

도 등장인물이나 사건을 현대적으로 변형하여 새로운 작품으로 재창조하는 것이다. 음악으로 치면 샘플링을 통해 기존 음악의 일부를 오마주하는 것으로 비유할 수 있을지도 모르겠다.

리부트는 리메이크처럼 시대적 흐름에 따르는 변화를 적용하는 것이 목적이 아니라 동일한 시대적 배경에서도 동일한 갈등구조와 상이한 배우로 다시 콘텐츠를 제작하는 것을 의미한다. 〈배트맨〉은 복잡한 리부트 과정을 보여주고 있는데, 1989년에 마이클 키튼 주연으로 시작된 〈배트맨〉은 1992년에 〈배트맨 리턴즈〉, 1995년에 〈배트맨 포에버〉, 1997년에 〈배트맨과 로빈〉으로 시퀄을 이어오다가 2005년에 크리스천 베일이 주연을 맡은 〈배트맨 비긴스〉로 리부트되어 다시 2008년의 〈다크나이트〉, 2012년의 〈다크나이트 라이즈〉의 시퀄로 이어졌다. 2021년에는 로버트 패틴슨이 주연을 맡은 또 다른 리부트가 탄생한다고 한다. 〈혹성탈출: 진화의 시작〉, 〈스타트렉: 더 비기닝〉, 〈007 카지노 로얄〉, 〈어메이징 스파이더맨〉 등도 성공적인 리부트의 예를 보여준다.

추가적으로, 리메이크, 현대화, 리부트와 비교되는 또 하나의 개념으로서 게임과 영화에서의 리마스터를 들 수 있다. 리마스터는 기술의 진보에 따라 원본의 이미지나 음향을 개선시키는 성격이 강하고 그 과정에서 약간의 수정이 발생하기도 한다. 예를 들어 2017년에 선보인 〈스타크래프트 리마스터〉는 1998년에 출시된 오리지널 〈스타크래프트〉의 해상도를 높이고 사운드를 개선한 리마스터 콘텐츠였는데 게임 중 폭발의 효과나 입체감 등이 변화했다.

프리퀄과 시퀄, 그리고 리마스터는 동일한 제작자(또는 저작권 소유주)가 본편의 가치를 높이거나 활용하기 위해 수행하는 활동이라

게임의 리마스터링

할 수 있지만 리부트는 본편의 제작자와는 다른 주체가 수행하는 활동이라고 구분할 수 있다. 외전 또는 리메이크는 전자에 가까우며 본편에 등장하는 캐릭터를 활용함으로써 부가적인 가치를 창출하려는 매우 전략적인 활동으로 볼 수 있다.

4. 2021년 트렌드 예측: 외전을 넘어서 세계관의 복합적 확장으로

2020에 꽃을 피운 외전 전성시대는 2021년에 어떻게 진화할 것인가? 일단 외전이 꽃을 피웠던 이유인 OSMU의 장점으로 볼 때 외전 또는 스핀오프의 트렌드는 계속될 것으로 보인다. 시청자 또는 관람자에게 외면 받을 수 있는 새로운 콘텐츠를 개발하는 것에는 높은 불확실성이 존재한다. 대규모 자본이 투입되는 대작을 만들 때에는 기존의 스토리텔링을 활용하려는 경향이 지속될 것으로 예측된다. 이와 더불어

〈저스티스 리그〉의 크로스오버

몇 가지의 트렌드를 점쳐볼 수 있다.

첫째, 서로 다른 영화에서 등장했던 캐릭터가 하나의 영화에서 만나는 크로스오버 현상이 외전을 통해 더 활발해질 수 있다. 이 현상은 슈퍼맨, 배트맨, 스파이더맨이 함께 등장했던 〈저스티스 리그〉와 아이언맨, 헐크, 스파이더맨 등이 함께 등장했던 〈어벤저스〉에서 이미 우리에게 익숙하고, 그 외에도 〈고질라 vs. 콩〉, 〈프레디 vs. 제이슨〉(나이트메어와 13일의 금요일), 〈반 헬싱〉(늑대인간과 프랑켄슈타인) 등에서도 볼 수 있다. 국내 드라마에서도 이러한 크로스오버 현상은 쉽게 발견할 수 있는데, 〈응답하라 1988〉에 등장했던 최무성(박보검 아버지 역할)과 김선영이 〈슬기로운 의사생활〉에서 부부로 카메오 출연했던 것을 볼 수 있다. 물론 이 크로스오버는 제작자가 동일할 때에 용이할 것이다.

둘째, 현재 주로 애니메이션이나 SNS 쇼트폼에서 제작되고 있는 외전은 좀 더 다양한 장르에서 구현될 수 있다. 이미 동일한 원작을 소설, 드라마, 영화, 웹툰, 웹드라마 등 다양한 장르에서 활용하는 OSMU가 활발히 진행중이지만 외전 형식과 결합하여 더욱 복합적인 현상으로 진화할 것으로 보인다. 예를 들어 웹툰에서 시작된 세계관이 웹드라마에서 외전 형식으로 나타날 수 있는 것이다.

셋째, 외전이 시퀄과 프리퀄과 결합하는 형태가 진행될 수 있다. 이미 영화 〈부산행〉의 프리퀄 격인 외전이었던 〈서울역〉이 애니메이션으로 제작되었던 것에서 볼 수 있듯이 사실 시퀄, 프리퀄, 그리고 외전은 뚜렷이 구분이 되지 않을 수도 있다. 심지어 외전으로 제작되었다가 그 프리퀄이 본편의 내용과 접속된다면 처음에 제작되었던 외전도 나중에 본편의 일부로 평가될 수도 있을 것이다.

요약하면 외전으로 인해 활발해지는 배역의 크로스오버, 장르의 크로스오버, 그리고 시간의 크로스오버는 해당 스토리에 대한 콘텐츠 소비자의 세계관을 한층 더 강화하고 확장하며 충성도를 높이는 효과를 가져오게 된다. 이것은 후속 콘텐츠의 수요의 불확실성을 낮추게 되어 더욱 다채로운 콘텐츠 제작을 가능하게 된다. 이것이 2021년에 외전이 가져올 마술이다.

11 독립기획자 전성시대: 유튜브를 넘어서

실버 버튼과 골드 버튼의 유튜버

2020년은 유튜브의 전성기였다. 백만 구독자를 거느린 젊은 유튜버들도 활발히 활동했지만 이승연, 박준형, 김나영 등 1990년와 2000년대 스타들도 유튜버 활동을 통해 다시 활발히 팬덤을 형성하고 있다. 이들은 각각 매니지먼트 이상, 싸이더스 에이티큐, 아이오케이 컴퍼니 등 소속사에 속해 있지만 본인의 SNS 채널을 통해 팬과 직접 소통함으로써 효과적인 연예활동을 펼치고 있다.

이러한 추세는 SNS에만 국한되는 것은 아니다. 방송매체 등 기존의 경로를 통하지 않고 새로운 경로를 통해 소비자와 직접 만나는 일은 흔한 일이 되고 있다. 지금은 고인이 된 코미디언 김형곤이 1980년대에 한국 최초의 '코미디클럽'을 시작하여 관객과 직접 만났던 이후 전유성, 윤형빈, 김대희 등도 코미디 전용 무대를 열었고, 현대미술가 다니엘 뷔렌은 미술관에서 벗어나서 거리에서 관객을 만나는 설치미술을 2019년-2020년 광화문 동아미디어센터 건물 외관에서 선보였다.

문화예술분야 독립기획자는 새로운 콘텐츠를 새로운 방식으로 창출하거나 새로운 경로로 전달하여 사업 기회를 포착한다. 물론 여기에는 콘텐츠 소비자의 수요가 뒷받침되어야 한다는 전제가 따른다. 그런데 2020년에 떠올랐던 많은 유튜버 스타의 사례를 볼 때 이러한 수요가 존재한다는 것은 이미 증명된 것으로 보인다. 이제 2021년에 독립기획자의 활동은 어떠한 양상으로 전개될 것인가?

1. 트렌드의 발견: 유튜브 채널의 만개

유튜버 또는 유튜브 크리에이터는 콘텐츠를 제작하여 유튜브에 업로드하는 개인을 지칭한다. 여기에서 다루는 콘텐츠의 장르는 그야말로 제한이 없다. 보통 먹방, 댄스, 여행, 뷰티 등이 가장 높은 인기를 누리는 장르이지만 게임을 리뷰하면서 해설을 하거나 전문적 지식을 전달하는 강의 콘텐츠도 수많은 구독자를 모으며 인기 장르로 떠오르

영화 리뷰 콘텐츠

고 있다. 2020년 10월 현재 전 세계에서 가장 구독자가 많은 채널은 인도의 음악 리뷰 채널인 T-Series로서 구독자가 1억 5,160만 명이었고, 한국에서는 빅히트 레이블이 4,520만 명을 기록했다. 국내 최다 구독자 개인 채널은 장난감 리뷰 채널인 보람튜브로서 구독자가 2,650만 명이었다. 이들 유튜버들은 구독자의 수에 따라 등급을 받는데, 1,000명 이상이면 브론즈, 10만 명 이상이면 실버, 100만 명 이상이면 골드, 1,000만 명 이상이면 다이아몬드 등급으로 불린다.

많은 구독자를 확보하여 유튜브로부터 높은 수익을 배분 받는 것은 유튜버들에게 직접적인 동기부여가 된다. 금전적 동기인 것이다. 그러나 금전적 동기 이외에도 다양한 동기가 존재한다. 정치 평론의 채널의 경우 제한된 공중파 공간으로 인해 다 하지 못한 말을 유튜브에서 쏟아 내기 위해 채널을 운영한다. 홍준표, 유시민, 김문수 등이 그 예이다. 소비자에게 정보를 제공하기 위한 동기도 존재한다. 장난감 등 제품을 리뷰하거나, 영화나 뮤직비디오를 소개하거나, 사람들이 궁금해하는 실험을 직접 해 보이는 것 등이 그 예이다. 전문적 지식이나 상식을 전달하는 채널은 교육적 동기의 예이다.

그런데 이러한 채널 운영 동기 중 많은 경우는 기존에는 개인이 아니라 기관이나 조직을 통해 이루어지는 것이었다. 정치인의 소신은 정당 내에서, 제품이나 영화 리뷰는 소비자보호단체나 영화전문잡지 등에서 제공되고, 전문적 지식은 학교나 학원에서 전달되는 것이다. 그런데 이러한 기관이나 조직에는 다양한 제약이 존재한다. 시간과 공간의 제약 이외에도 콘텐츠의 내용이 제한된다. 그러나 유튜브라는 개방적 유통망이 마련됨에 따라 이러한 간접적 소통은 직접적 소통으로 전환되었고 정치인, 평론가, 교육자는 더 이상 기관이나 조직의 힘을 빌리지 않고도 본인이 제작하는 콘텐츠를 콘텐츠 소비자에게 직접적으로 전달할 수 있게 되었다. 즉 2020년은 콘텐츠 기획자가 기관이나 조직의 제약을 벗어나 자유롭게 창작활동을 하면서 수익도 창출할 수 있는 통로가 유튜브 채널을 통해 만개한 해였다.

2. 트렌드의 원류: 시골 장터

사실 어떤 제품의 생산자가 직접 소비자를 만나는 현상은 유튜브에서만 일어났던 것은 아니다. 이러한 트렌드의 원류는 전통적인 시골 장터에서 찾아볼 수 있다.

5일장이나 7일장과 같은 시골 장터는 생산자와 소비자가 직접 만나서 흥정하는 거래의 장소이다. 사실 매우 원시적인 거래의 형태라 할 수 있다. 장날을 놓치면 며칠을 기다렸다가 다음 장날이 되어야 시

외국의 시골 장터 풍경

장에서 물건을 사고 팔 수 있었다. 그 대신 장이 서지 않는 날에는 각자의 일터에서 장에서 팔 물건을 열심히 만들었다. 생산자가 판매자인 구조이다.

5일장이나 7일장이 진화한 것이 상설 장터인데, 이 시기에 이르러서 생산자와 판매자의 역할이 구분되고 유통업자가 개입되게 된다. 생산자는 5일 또는 7일을 기다릴 필요 없이 생산에만 몰두하고 생산된 상품은 언제든지 유통업자에게 판매한다. 유통업자는 구매, 보관, 운송, 금융 등의 역할을 수행하면서 생산자로부터 구매한 상품을 가장 높은 가격을 받을 수 있는 장소와 시간을 골라서 판매하게 된다. 이것이 바로 유통기관이 갖는 가치창출 기능이다. 이러한 생산자와 유통업자의 분업으로 인해 상품의 가치가 극대화되고 모두에게 이득이 되는 공생 구조가 형성된다.

그러나 유통구조가 지나치게 복잡해지면 다양한 폐단이 발생하게 되는데, 유통이 생산을 지배하여 생산자에게 배분되어야 할 대부분의 이익을 흡수해 버리거나 상품의 속성을 결정해 버리는 경우도 발생한다. 예를 들어 음악 산업의 경우 음원 매출액의 상당한 부분은 유통사가 가져가고 작곡자, 작사가, 가수가 가져가는 비율은 미미하다고 알려져 있고, 해마다 김장철이 되면 배추 등 채소의 산지 가격과 도시에서의 판매 가격의 격차가 너무 크다는 뉴스가 보도되곤 한다. 커피 산업의 예를 보더라도 한 잔에 5천원 정도로 판매되는 커피의 제조원가는 매우 낮고, 특히 원두를 재배하는 남미의 농가가 얻는 수익은 극히 낮다고 알려졌다. 물론 음원, 채소, 커피 시장에서 유통업계가 갖는 역할은 매우 중요하지만 이러한 거대한 기존의 유통 생태계에서 탈피해서 직접적으로 생산자와 소비자가 연결되는 현상이 나타나곤 한다. 예를 들어 음원 시장에서는 독립 레이블이 탄생하고, 채소 시장에서는 원산지 직접 판매가 이루어지며, 커피 산업에서는 공정무역 시스템이 작동하는 것을 볼 수 있다. 이러한 다양한 직접 거래의 형태는 생산자와 소비자가 직접 만나는 시골 장터의 특성을 품고 있다고 할 수 있다.

3. 유사 트렌드

기존의 유통 생태계를 벗어나서 생산자와 소비자가 직접 만나는 방식을 추구하는 경향은 유튜브에서만 볼 수 있는 것은 아니다. 독립영화사, 문화예술 크리에이터, 그리고 다양한 형태의 맞춤형 서비스들도 그러한 트렌드를 보여준다.

독립영화사와 인디밴드

독립영화사와 인디밴드는 모두 기존 기획사의 지원을 받지 않고 활동하는 영화기획자와 연주가이다. 이들이 독립적으로 활동하며 콘텐츠 소비자를 직접 대면하는 이유로 몇 가지를 생각해 볼 수 있는데, 먼저 주제와 장르의 상업성 여부를 들 수 있다. 대체로 기존 기획사는 상업적 성공을 위해 대중이 호감을 갖는 주제나 장르를 선호하게 마련이므로 그렇지 않은 주제나 장르를 추구하는 영화인이나 음악인은 기존 기획사의 주의를 끌기 힘들다. 둘째, 기존 기획사는 해당 장르에 특화된 역량을 갖게 마련인데, 예를 들어 SM에 속한 뮤지션의 컬러와 안테나 뮤직에 속한 뮤지션의 컬러가 다르다는 평가를 흔히 볼 수 있다. 즉 기존 기획사의 컬러와 매우 상이한 영화인이나 음악인은 기존의 기획사에 편입되기보다는 독립적으로 활동하게 된다. 셋째, 유통 경로의 희소성을 들 수 있다. 기존 기획사가 활용할 수 있는 유통 경로가 제한되어 있기 때문에 상업적으로 성공할 가능성이 있거나 장르적으로 새

2015년 서울 독립영화축제의 한 장면

롭게 개척할 가치가 있는 예술인일지라도 그 가능성이 높지 않은 경우 기존 기획사가 수용할 수 있는 능력이 제한된다는 것이다. 그러나 이러한 경우 독립영화사나 인디밴드가 기존의 생태계에 편입되기를 원한다면 상업성이나 장르의 가치를 증명하여 기존 기획사에 편입될 수 있다.

사실 마지막 경우에서 볼 수 있듯이 모든 독립영화사나 인디밴드들이 자발적으로 영세하고 독립적인 활동에 머물러 있는 것은 아닐 수 있다. 이들 중 많은 경우는 주류 생태계에 발을 딛고 싶고 상업적 성공을 누리고 싶어할 것이다. 즉 상업성을 추구하지 않는 것이 독립영화사나 인디밴드의 특성이라기보다는, 단지 본인이 추구하는 주제나 장르가 기존의 영화기획사나 음반기획사에서 수용하여 희소한 매체를 할당할 만큼의 경제적 가치를 갖는다고 평가하기 힘든 경우인 것이다. 그러나 이제 SNS라는 무제한적인 개인 맞춤형 매체가 등장한 이상 독립영화사나 인디밴드가 기존 기획사의 평가를 받아야 할 이유는 점차 감소하고 있다.

문화예술 크리에이터

문화예술 크리에이터 또는 문화기획자는 문화예술 분야의 창작자와 함께 콘텐츠를 제작하여 시장으로 전달하는 기획자로 정의할 수 있다. 예를 들어 도예가가 도자기를 제작하는 전문가라면 문화기획자는 그 도자기를 활용하여 전시회를 기획하는 사람이다. 때로는 다양한 문화예술 장르가 결합하여 하나의 기획이 완성되기도 한다. 축제를 기획하는 문화기획자는 연주가, 미술가, 행사 진행자 등을 섭외하여 프로그램을 준비하고 행사비를 조달하며 홍보 방식까지 결정해야 한다. 앞에

경리단집 술집들

서 설명한 독립영화사나 인디밴드가 콘텐츠의 제작을 주로 하면서 보조적으로 유통 활동을 수행한다면 문화예술 크리에이터는 유통을 포함한 전반적인 기획 활동을 주로 수행하면서 보조적으로 기획 콘셉트에 맞도록 콘텐츠 제작에 관여할 수 있다.

최근 문화예술 크리에이터가 부상하고 있는 이유 중 하나로서 새로운 상권이 조성되는 현상을 들 수 있다. 이태원 경리단길로 시작된 '~리단길'의 유행은 서울 마포구 망원동의 '망리단길', 서울 송파구 '송리단길', 경주 황남동의 '황리단길' 등으로 이어졌고 이러한 신흥 상권에 들어서는 카페나 술집 등을 기반으로 문화공간이나 문화 프로젝트를 운영하는 젊은이들이 늘었다. 이들은 상권의 부상에 기여하면서 지역 재생과 문화적 환경 조성에 기여했다.

또 다른 이유로서 기업들이 문화마케팅에 주의를 기울이는 추세를 들 수 있다. 예를 들어 현대카드에서는 유명한 연예인을 초대해 대형 공연을 유치하여 문화예술적 이미지 구축을 시도하고 있고 다른 많은 기업들도 예술가 지원, 문화예술기관 설립, 문화예술교육 프로그램 운영 등을 통해 문화예술을 통한 사회공헌활동을 펼치고 있다. 이러한 활동을 실제로 집행하기 위한 인적자원으로서 문화예술 크리에이터의 수요가 증가하고 있는 것이다. 이들은 경우에 따라서는 기업에 소속되어 일하기도 하지만 많은 경우 프리랜서로 활동하면서 기업의 의도에 맞는 콘텐츠 기획 활동을 펼친다.

맞춤형 서비스

기존의 유통 생태계에 얽매이지 않고 소비자의 니즈에 따라 생산활동을 하는 보다 넓은 범주의 활동으로 맞춤형 서비스를 들 수 있다. 이 서비스의 특징은 제품을 제작하고 난 후에 그 제품에 맞는 고객을 찾는 것이 아니라 고객의 니즈를 먼저 또는 실시간으로 파악하여 그에 맞게 제품을 제작하는 것에 있다. 제조업체에서의 전통적인 예를 들자면 1980년대에 온라인으로 맞춤형 사양의 컴퓨터를 판매하기 시작했던 델 컴퓨터를 들 수 있는데, 그 당시 다른 경쟁업체에서는 이미 조립된 컴퓨터를 전시장에서 판매했던 반면에 델 사는 고객이 온라인으로 하드디스크, 사운드카드, 그래픽카드 등을 선택하게 하여 주문을 받은 다음에 빠른 시간 내에 조립하여 주는 사업모델을 선보여서 큰 성공을 거두었다. 델 사의 입장에서는 완성품 재고를 쌓아 놓을 필요도 없고, 컴퓨터 매장을 운영할 필요도 없으며, 부품을 구입하기 위해 자금을 지불하기 전에 이미 구매자로부터 판매대금을 먼저 받았기 때문에 재무적으로 큰 이익을 거둘 수 있었기 때문이다. 구매자의 수요에 정확히 부응하는 맞춤형 제품을 제공할 수 있었던 것도 물론이다.

이러한 선 주문 후 제작의 방식은 맞춤형 서비스는 온라인 콘텐츠 제작에서 꽃을 피운다. SNS 자체가 실시간 소통을 기본으로 하기

맞춤형 제품을 선보였던 델 컴퓨터

때문이다. 먹방의 예를 보자. 먹음직한 음식을 앞에 둔 콘텐츠 크리에이터에게 접속자들은 많은 주문을 보낸다. 어떤 음식을 먼저 먹어 주세요, 어떤 양념을 얹어서 먹어 주세요 등 대리만족의 극대화를 위해 이러저러한 주문을 보낸다. 자기계발과 관련된 콘텐츠를 보내는 크리에이터에게는 실시간 고민상담을 보내어 답변을 요청한다. 모두 실시간 채팅을 통해 이루어지는 일이다. 전통적인 라디오 음악프로그램에서도 앱이 도입되면서 청취자의 사연이 실시간으로 프로그램에 반영된다. 예전처럼 엽서를 보내고 그 엽서가 뽑힐까 조마조마하던 시대는 까마득한 옛날 이야기가 되었다.

4. 2021년 트렌드 예측: 언택트 기획자 시대로

앞에서 살펴본 유사 트렌드들은 전통적인 관점에서는 그리 돈을 많이

벌지는 못했던 방식이었다. 독립영화 감독이나 문화기획자는 부모님의 입장에서 정말 말리고 싶은 직업이 아닐 수 없었다. 또한 맞춤형 서비스도 매우 럭셔리한 틈새시장에서는 돈을 벌 수 있지만 그러한 시장이 보편적인 것은 아니었다. 직업적인 측면에서 가장 안정적인 길은 대중을 상대로 하는 유통경로를 장악하고 있는 기존 기업에 자리를 잡고 그 기업과 함께 성장하는 것이다.

그러나 코로나 사태로 점철된 2020년을 보내며 과연 안정적인 기업이란 무엇인가에 대한 회의가 고개를 들고 있다. 특히 문화예술분야에서 오프라인 공연과 전시가 큰 타격을 받았던 한 해를 보내면서 2021년의 문화예술기획의 방향에 대해 다양한 시도가 이루어질 것으로 예측된다. 이 시점에서 지난 한 해 만개했던 유튜브 콘텐츠는 하나의 해답을 제시해 주는 듯하다. 단 2020년보다는 상이한 양상으로.

한마디로 요약하면 유튜브 채널의 확대 트렌드는 계속 이어지되 새로운 수익모델의 등장으로 인해 독립기획자들에게 주어지는 기회는 더욱 확대될 것으로 보인다. 이미 SM, JYP, 빅히트 등 기존의 대형기획사들은 기존의 온라인 플랫폼 또는 '위버스'와 같은 독자적인 플랫폼을 통해 유료 온라인 공연을 송출하고 있다. 방탄소년단은 2020년 6월에 개최한 '방방콘'에서는 75만 명, 10월에 개최한 'BTS 맵 오브 더 솔 원'에서는 이틀에 걸쳐 100만 명의 관객을 동원했다. 두 번째 공연의 매출액은 500억 원대에 달하는 것으로 보도되었다.

예전에는 오프라인 공연의 부산물 정도로 여겨졌던 온라인 공연이 이제는 독자적인 콘텐츠 상품으로 자리잡고 있다. 이것은 온라인 콘텐츠 기획자에게는 큰 기회가 아닐 수 없다. 기존 기획사의 수익모델이 확립되면서 독립기획자의 수익모델에도 큰 변화가 일어날 것으로 예측된다. 기존의 단순한 유튜브 콘텐츠의 광고수입과 협찬사의 지원금을 넘어서 다른 형태의 수익이 실현될 수 있다. 예를 들어 지금까지는 유튜브라는 무료 매체를 통해 콘텐츠를 전송했지만 앞으로는 빅히트의 '위버스'와 같이 독립기획자가 자체 플랫폼을 통해 유료 콘텐츠를 전송할 수도 있다. 이것은 자체 플랫폼 제작 및 유지에 필요한 기술이 대중화되고 그 비용이 충분히 낮아질 때에 가능하다. 또는 공연 이외에도 전시 및 교육 등의 콘텐츠에서 과금이 일반화되는 현상도 점쳐볼 수 있다. 물론 이것이 가능하기 위해서는 전시 및 교육 분야에서도 지금까지의 오프라인의 보조적인 역할에서 탈피하여 접속자가 온라인에서만 맛볼 수 있는 특별한 가치와 감동을 전달하는 기법이 개발되는 것을 전제로 한다. 그러나 이미 BTS 공연에서 3~4만 원의 가격이 형성된 사례가 존재하기 때문에—물론 BTS 공연만큼의 감동을 준다는 전제하에서—전시 및 교육에 특화된 감동적인 콘텐츠가 사람들의 지갑을 열지 못한다는 법은 없을 것이다. 이것이 바로 2021년의 독립기획자들이 가진 기회인 것이다.

12 틱톡을 넘어서 온라인 플래시 문화의 시대로

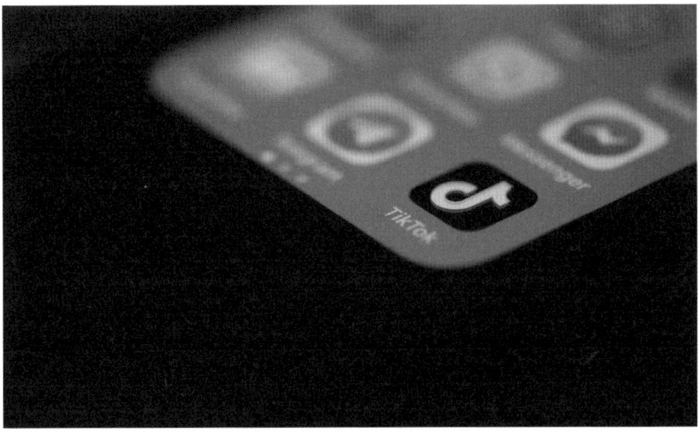

SNS의 대세 틱톡

2020년은 틱톡이 범람한 시기였다. 이전에는 정적 화면인 밈을 통해 창작과 변형이 전파되었다고 한다면 2020년에는 15초 내외의 동영상을 통해 창작과 변형이 전파되었다. 그런데 틱톡이 진화하는 플래시몹은 단지 유행의 전파만을 의미하지는 않는다. 대중의 의견이 모이는 광장을 대체하고 있다.

1. 트렌드의 발견: 밈과 짤, 그리고 틱톡

외국에서는 밈이라는 용어가 널리 사용되는 것에 비해 한국에서는 짤 또는 짤방이라는 용어가 더 익숙한데, 그것은 원래 '짤림을 방지하기 위한 동영상'의 준말이다. 이전에 동영상이 아닌 글을 동영상 전용 게시판에 올리기 위해 아무 의미 없는 동영상을 짤림 방지용으로 제작하여 올렸던 것이 그 시초였다고 한다. 이제는 짤이라는 용어는 동영상이 아닌 이미지의 뜻으로도 사용되기도 하지만, 여기에서는 동영상으로만 한정하기로 하자. 외국에서 짤은 gif(graphic interchange format)라는 이름으로 불린다.

이미지를 의미하는 밈과 동영상을 의미하는 짤은 이제 매우 대중화되었다. 그런데 밈과 짤은 단지 이미지와 동영상이라는 차이만이 아니라 그 성격이 완전히 다르다. 밈은 보통 다른 사람이 제작한 사진 또

말풍선 밈

는 그림을 변형하여 말풍선을 달거나 새로운 상황으로 해석한다. 예를 들어 유명한 배우가 색다른 표정을 지은 사진이 돌아다니면서 다양한 말풍선을 그려 넣는 것이다. 변형의 폭은 제한되고 단지 해석을 달리 할 뿐이다.

그러나 짤은 본인의 몸을 사용하여 직접 표현하는 경우가 대부분이다. 유명한 가수가 어떤 동작을 하면 그 동작을 본인이 직접 따라하는 것을 짤로 만들어서 퍼뜨린다. 예를 들어 가수 지코가 '아무노래' 제목의 노래로 간단한 율동을 선보이며 동료 가수들이 이를 따라할 것을 권하자 가수만이 아니라 수 많은 사람들이 수많은 짤을 만들었다. 미국의 gif 콘텐츠 중에는 pregnant mom이라는 것이 있다. 임신한 여성이 볼록한 자신의 배를 만지고 두드리며 코믹한 춤을 추는 것이다. 이것을 따라 하는 수많은 미국 임산부들이 있었다. 미국에 이처럼 많은 예비 엄마가 있을 것이라는 것을 여기에서 처음 알 정도였다.

이러한 트렌드에 기름을 부은 것이 바로 틱톡이었다. 틱톡 덕분에 짤이 성행했는지, 아니면 짤의 유행 덕분에 틱톡이 재미를 보았는지는 확실하지 않다. 아무튼 2020년의 대세는 틱톡이었다.

2. 트렌드의 원류

따라하기

2020년은 틱톡이 혜성처럼 떠올랐던 해였다. 그런데 우리는 틱톡의 원류에 대해 관심을 가졌던 적이 있었던가? 모든 것이 그렇듯이 틱톡도 갑자기 새롭게 탄생한 것이 아니었다. 그렇다고 해서 앞에서 설명한 밈이 유일한 원조는 아니다. 밈은 여러 원조 중 하나, 즉 형식적인 원류에 불과하다. 정적인 콘텐츠에서 동적인 콘텐츠를 선호하는 경향이 생기면서 동영상을 전달하기 용이한 틱톡과 같은 앱이 각광을 받게 된 것이다. 이것은 매체의 형식 차원의 진화였다.

그러나 이러한 형식 차원의 진화 이외에도 틱톡은 특정한 행동 패턴이 진화한 결과로 탄생한 트렌드였다. 그중 하나는 바로 '따라하기'라는 행동이다.

우리가 다른 사람의 동작을 충동적이고 집단적으로 따라했던 경험이 있었던가? 물론 축구 경기장이나 야구 경기장에 가면 치어리더의 동작에 따라 일사불란하게 응원을 한다. 그러나 그것은 어느 정도 예상할 수 있는 행동이다. 경기장에는 경기를 직관하러 가기도 하지만 다른 사람과 함께 응원을 하러 가기도 하니까 충동적인 행동이라고 보기는 힘들다.

아마 우리가 기억하는 충동적이고 집단적인 모방행동의 하나의 예는 2002년 월드컵에서 유행했던 '꼭짓점 댄스'에서 찾아볼 수 있을 것이다. 그 당시 TV에서 탤런트 김수로가 보여주었듯이, 누군가 맨 앞에서 다이아몬드 스텝을 밟으며 춤을 추면 많은 사람들이 피라미드 모양으로 뒤에 붙어서 이 단순한 춤을 따라 추는 것이었다. 이 현상은 치어리더의 주도 하에 이루어지는 응원이 아니라 운동장에서 많은 아이들이 놀 때에 자연스럽게 앞 사람에 어깨에 손을 얹고 꼬리를 잇는 '기차 만들기'에 더 가까웠다. '기차 만들기' 놀이에 처음 접하는 모르는 아이라도 다른 친구들이 하는 것을 보고 바로 따라할 수 있는.

물론 충동적이고 집단적인 모방행동에는 꼭짓점 댄스처럼 유쾌하고 긍정적인 것만 있는 것은 아니다. '깨진 유리창의 법칙'을 들어

깨진 유리창

본 적이 있는가? 범죄 현상을 연구하던 제임스 윌슨과 조지 켈링이 1982년에 소개했던 개념인데, 비어 있는 건물에 깨진 유리창 하나를 방치해 두면 이것을 보는 사람들은 이 건물에서 유리창을 깨는 것이 허용된다고 생각하여 옆의 유리창도 깨어버리는 행동이 전파된다는 것이다. 사소한 무질서가 따라하기를 통해 거대한 무질서로 진행될 수 있는 현상을 보여준다.

꼭짓점 댄스이든 유리창을 깨는 행위이든, 이러한 따라하기는 사람이 모인 광장에서 이루어지는 현상이다. 그러나 따라하기는 사람들이 물리적 공간에서 인접한 경우에만 나타나지 않는다. 가상 공간에서 인접한 경우에도 동일한 현상이 나타날 수 있다. 이것이 바로 '랜선 관계'에서의 따라하기다.

랜선은 원래 유선인터넷 케이블을 뜻하지만 '랜선 관계'는 유무선인터넷에서 맺은 관계로 그 의미가 확장되었다. 사실 동일한 물리적 공간에 있는 경우에는 시각적으로나 청각적으로 자극적인 영향이 전파되기 쉬워서 격정적 분위기에 휩쓸릴 확률이 높다. 붉은 악마 티셔츠를 입은 사람들이 단체로 움직이는 것을 볼 때, 유리창이 깨지면서 발생하는 파열음을 들을 때 우리는 직접적인 따라하기 충동을 느낀다. 그러나 인터넷 공간에서는 이러한 직접적인 자극을 느끼지 못한다. 단지 '랜선'을 통해 화면으로만 연결될 뿐이다. 더구나 많은 랜선 친구는 실제로는 한 번도 만나보지 못한 친구들이다.

그런데 이러한 부족한 자극 하에서도 왜 따라하기가 이루어지는 것인가? 직접적 상호작용이 부재한 가운데에서도 사람들은 어떠한 자극을 느끼는 것일까? 물리적 공간과 인터넷 공간이 갖는 차이로서 인터넷 공간에서는 흔적이 지속된다는 점과 익명성이 존재한다는 것을 들 수 있다. 먼저 흔적에 대해서 알아보자. 광장에서의 따라하기는 참여하는 사람들이 같은 시간을 공유하면서 이루어지고 그 순간이 지나면 사라지게 된다. 그러나 인터넷 공간에서의 따라하기는 시간이 지나도 댓글, 밈, 짤 등 본인이 남긴 흔적은 온라인 공간에 남는다. 그리고 그 흔적에 다른 사람들이 지속적인 덧붙이기를 할 수 있다. 마치 살아있는 생물처럼 시간이 지날수록 스스로 자란다. 다른 사람을 따라 함으로써 남는 흔적은 누가 의도적으로 삭제하지 않는 한 영구적으로 그 흔적을 남기고, 게다가 그 흔적에 다른 사람이 다시 따라하는 생명력까지 갖게 된다.

둘째, 인터넷 공간에서는 익명성을 보장받기 쉽다. 물론 광장에서도 이름을 알리지 않은 채 군중속으로 숨을 수는 있다. 그러나 사람들은 어떤 행위를 한 사람의 인상착의를 기억하고 그의 얼굴이 사진에 찍힐 수도 있다. 이와 비교하여 인터넷 공간에 남는 인상착의는 매우 한정적이다. 아이디나 IP 주소가 전부이며 이것 역시 그 사람의 정체성을 드러내기에는 매우 부족하다. 이러한 익명성은 나의 정체를 숨기면서 인터넷 공간에서 다른 사람을 따라하려는 충동을 부추긴다.

내보이기

틱톡이 내포하고 있는 두 번째의 행동 패턴으로 '내보이기'가 있다. 이것은 틱톡이 가지고 있는 대표적인 포맷인 리믹스와 챌린지를 보면 쉽게 이해할 수 있다. 먼저 리믹스에 대해 살펴보자.

리믹스는 단순히 섞는다는 의미에서 기존의 콘텐츠를 변형하여 새로운 콘텐츠를 창조한다는 의미로 확장되었다. 1980년대 이후 새로운 음악을 출시할 때에 리믹스 버전을 추가하는 것이 관례처럼 굳어졌는데 틱톡 시대에 와서는 영상의 리믹스가 관례처럼 굳어지고 있다. 화면 분할과 병합, 그 외의 다양한 효과들을 사용하면 내가 좋아하는 가수의 영상과 듀엣으로 노래를 부르는 나의 영상을 손쉽게 만들 수 있다. 리믹스의 기본 전제는 기존의 콘텐츠를 사용해서 '따라하는' 것이지만, 리믹스의 정수는 기존 콘텐츠를 퍼 나르기만 하는 것이 아니라 새로운 콘텐츠를 재조합, 즉 리믹스하는 과정에서 내가 만들어내는 창조물을 다른 사람들에게 선보인다는 것에 있다. 이것은 단순한 모방과 전파와는 다르다.

이러한 현상은 틱톡 동영상의 또 하나의 대표적 포맷인 챌린지에서도 엿볼 수 있다. 챌린지 중 가장 초기에 성행했던 이벤트의 하나였던 아이스버킷 챌린지를 떠올려 보자. 2014년 한 미국 골프선수에 의해 시작된 이 챌린지는 유명한 야구선수가 트위터에 올리면서 전 세계적으로 유명해졌다. 얼음물을 뒤집어쓴 사람이 세 명의 도전자를 지

아이스버킷 챌린지

목하면 지목된 사람은 미국 루게릭 협회에 100달러를 기부하든지 아니면 얼음물을 뒤집어쓰는 것을 선택해야 한다. 얼핏 생각하면 우리나라에서도 아주 옛날부터 유행했던 '행운의 편지'와 비슷하기도 했지만, '행운의 편지'는 정말로 행운을 비는 것이 아니라 똑 같은 편지를 10통 정도 친구들에게 보내지 않으면 재수가 없을 것이라고 악담을 하는 것이어서 결코 비슷한 성격은 아니었다. 아이스버킷 챌린지는 궁극적으로 루게릭 환우에 대한 관심과 지원을 바탕으로 하는 것이었기에 전 세계적인 호응을 유도할 수 있었다.

틱톡 챌린지도 특정한 미션을 수행한다는 점에서 '행운의 편지'나 '아이스버킷 챌린지'의 특성을 공유하고 있지만 챌린지라는 형식을 통해 자신의 창작물을 세상에 선보인다는 특성이 강조되는 것을 볼 수 있다. 물론 아이스버킷 챌린지의 경우에도 본인이 얼음물을 뒤집어쓰는 '창의적인' 영상을 만들어내는 것이라고 할 수도 있지만 아이돌 스타의 댄스를 따라하는 나의 창의적인 영상을 만드는 것과 비교할 수 없다. 이것은 내 안에 있는 어떤 것을 적극적으로 다른 사람에게 선보이는 '내보이기'의 행동 패턴을 담고 있다.

참여하기

바로 앞에서 설명한 챌린지는 사실 최근 많은 연예기획사가 즐겨 활용하는 홍보 수단이다. 아이돌 그룹이 신곡을 발표할 때에 새로 선보이는 안무 따라하기 챌린지를 틱톡에 등록하고 참여자들에게 음반 CD 등 보상을 제공하는 것이다. 이 내용은 틱톡이 내포하고 있는 '참여하기'라는 행동 패턴으로 요약될 수 있다.

사실 SNS에서 보상을 통한 '참여하기'의 성격이 잘 드러나는 이벤트로서 크라우드 펀딩을 들 수 있다. 크라우드 펀딩은 정해진 목표를 달성하는 경우 그 펀딩에 참여한 사람들에게 일정한 보상과 함께 성취감을 제공하는 것으로 요약할 수 있다. 펀딩 대상은 공연이나 영화와 같은 프로젝트일 수도 있고 책이나 공예품과 같은 제품 출시, 또는 벤처 사업일 수도 있다. 보상의 종류도 티켓과 할인된 제품, 또는 사업체의 지분 등 다양하다. 그러나 크라우드 펀딩의 중요한 요소는 이러한 금전적 보상에 있기보다는 펀딩의 대상이 사회적으로 유익하다는 자부심일 것이다. 즉 펀딩에 참여하지 않으면 이 펀딩 대상이 세상에 탄생하지 못할 것이라는 것을 암시하면서 더 나은 사회를 의해 동참할 것을 권한다.

틱톡 챌린지는 크라우드 펀딩 보다는 오락적인 특성은 강화되고 공익적인 특성은 약화되는 경향을 갖는다. 내가 좋아하는 연예인의 춤을 따라 추는 일은 신나는 것이지만 사회를 위해 바람직한 의미를 갖는 것은 아니다. 그러나 이러한 유희적인 트렌드에 참여함으로써 내가 좋아하는 연예인의 팬덤을 강화하는 일은 신나는 일이다.

아무런 보상 없이 SNS에서 수많은 사람들이 '참여하기'가 이루어졌던 또 하나의 사례는 2015년 파리 테러 당시의 현상에서 볼 수 있다. 이슬람 과격분자가 일으켰던 이 테러에서 무고한 127명의 시민이 살해당하고 423명이 부상당하는 야만적 사건의 소식을 접한 사람들은 각자의 자리에서 추모의 행렬에 동참했다. 각국 정부들은 외교적인 행동을 취했고 중요한 시의 건축물들은 프랑스 삼색기 조명을 비추었으며 일반 시민들은 #prayforparis의 해시태그를 달거나 SNS 프로필에 삼색기 배경을 사용하면서 추모와 분노의 거대한 조류에 참여했다. 사회적 이슈에 대한 이러한 참여의 움직임은 2020년 미국에서 발생한 인종차별적 과잉 진압으로 촉발된 #blacklivesmatter 운동으로 이어졌다. 틱톡에서도 많은 사람들이 이 해시태그를 사용한 동영상 올리기 챌린지에 동참했다.

파리 테러 추모

#BlackLivesMatter 시위

3. 유사 트렌드: 플래시몹

2020년에 세계적으로 최고의 인기를 누렸던 틱톡 동영상의 원조 트렌드로서 꼭짓점 댄스, 아이스버킷 챌린지, 크라우드 펀딩 등을 들 수 있고, 이러한 트렌드에서는 따라하기, 내보이기, 그리고 참여하기라는 개념적 원류를 찾아볼 수 있다고 설명했다. 그런데 따라하기, 내보이기, 참여하기의 성격을 가진 트렌드로서 틱톡이 유일한 것일까? 다른 유사 트렌드가 존재하는 것은 아닐까?

여기에서는 플래시몹에 대해 주목해 보자. 플래시몹은 '갑자기'라는 의미의 '플래시'와 '군중'이라는 의미의 '몹'의 합성어이다. 예기치 않은 장소에서 갑자기 많은 사람들이 모여서 특정 행동을 하는 것을 의미한다. 플래시몹은 여러 형태로 분류될 수 있다. 사전에 약속된 사람들이 모여서 진행할 수도 있고 다수의 익명의 사람들이 모여서 진행할 수도 있다. 거리에서 갑자기 한두 명씩 악기를 꺼내 들고 연주를 하는 플래시몹은 사전에 약속된 행사의 예이고, 1월 첫째 일요일에 바지를 입지 않고 지하철에 승차하는 노 팬츠 데이 행사는 익명의 다수가 진행하는 행사의 예이다. 또한 앞의 두 이벤트는 공공장소에서 이루어지는 오프라인 플래시몹인 반면에, 전 세계에 분산된 악기 연주자 또는 성악가들이 하나의 화면에서 합주 또는 합창을 하는 장면을 연출하는 식으로 온라인 플래시몹을 연출하기도 한다. 또한 앞의 이벤트들은 사람이 연출하는 플래시몹인 반면에, 수백대의 드론을 하늘에 띄워서 그림이나 글씨를 연출하는 드론 플래시몹도 있다.

그러나 생일축하나 청혼 등의 특별한 이벤트를 위해 사전에 계획된 인원이 공공장소에서 진행하는 플래시몹은 틱톡 동영상과는 거리가 먼 형태이다. 또한 집행부가 계획된 모임을 진행하되 불특정 다수의 참여를 유도하는, 1980년대 민주 항쟁 시대의 정치적인 기습 시위나 2012년에 여의도에서 진행되었던 솔로 대첩 등도 주로 오프라인에

멜버른에서의 플래시몹

서 진행되었기 때문에 온라인의 틱톡 동영상과는 거리가 있고, 온라인 오케스트라나 합창도 치밀하게 계획되었기 때문에 자발적 참여를 기반으로 하는 틱톡 동영상과는 거리가 있다.

그 대신 틱톡 콘텐츠는 직관적 반응을 가져오는 동영상과 함께 그 의미를 설명하는 메시지를 담은 해시태그를 통해 플래시몹을 구현했다. 불특정 다수에게 공개되는 해시태그는 특정 집단의 정치적, 사회적, 문화적, 경제적 메시지를 빛의 속도로 전파한다. 트럼프 대통령을 반대하는 사람들은 틱톡을 통해 대통령 털사 지역의 대통령 유세 자리를 예약한 후 노 쇼를 하는 플래시몹을 실현하고, 의류제조기업들은 틱톡 공간에서 환경보호를 위한 플래시몹 캠페인을 진행한다. 이러한 플래시몹은 온라인과 오프라인을 넘나들며 사람들의 주의를 사로잡는다. 꼭짓점 댄스, 아이스버킷 챌린지, 크라우드 펀딩에서 보여주었던 따라하기, 내보이기, 참여하기의 욕구는 플래시몹으로 진화했고, 그것은 이제 틱톡과 결합하고 있다.

4. 2021년 트렌드 예측: 온라인 플래시 문화의 시대

이러한 트렌드는 2021년에 어떻게 진화할 것인가? 어쩌면 틱톡은 지금까지 트위터나 페이스북, 그리고 유튜브가 걸어왔듯이 대중의 관심에서 서서히 멀어질 수도 있다. 특히 중국 기업의 활동을 제한하려는 미국 정부의 조치로 인해 다른 미국 기업의 SNS 앱이 갑자기 부상할 수도 있다.

그러나 2020년에 틱톡이 꽃을 피웠던 그 이유는 여전히 살아서

2021년에 영향을 미칠 것이다. 이미 오랜 뿌리를 가지고 있는 따라하기, 내보이기, 참여하기의 욕구는 어떤 형태로든, 틱톡이 아니더라도, 사람들의 행동을 유도할 것이다. 그리고 그 행동은 구체적으로 온라인 플래시 문화로 표출될 가능성이 크다.

이미 특정 집단의 정치적, 사회적, 문화적, 경제적 메시지는 짧은 동영상과 결합된 해시태그를 통해 전 세계로 전파될 경로가 마련되어 있다. 사람들은 정치적, 문화적 팬덤을 만들고, 사회적 이슈에 공감하며, 경제적 이득을 추구할 것이다. 그런데 틱톡을 통해 영향력의 중심은 점차 젊은 연령으로 이동했다. 이미 뉴질랜드에는 37세 총리인 저신다 아던이 집권했고, 17세의 그레타 툰베리가 활발하게 글로벌 환경운동을 주도하고 있으며, 방탄소년단의 평균연령은 26세이고(빅히

환경운동가 그레타 쿤베리

트가 준비하는 차기 그룹의 평균연령은 17세라고 한다), 코로나 사태에서 한국의 증시를 떠받든 수많은 개인투자자는 20대와 30대 투자자였다. 이들이 던지는 메시지는 우리 사회를 변화시킬 온라인 플래시 문화를 주도할 것으로 보이지 않는가?

미주

1 “’듣는 책’ 오디오북의 미래-길을 걷거나 운전하여 딱딱한 古典을 귀로 독파”, 〈월간조선〉, 2019. 10월호.
2 “읽을 시간 없다면 듣자! 마음의 양식 쌓아 주는 오디오북 앱”, 〈앱스토리〉, 2020. 08. 25.
3 “팟빵월·라…유료 오디오 콘텐츠 잘나간다”, 〈한국경제〉, 2020. 07. 27.
4 “책 듣는 2030… ‘북튜버삼매경’”, 〈세계일보〉, 2019. 07. 20.
5 “The Sandman Audio Adaptation Tops the New York Times’ Best Sellers List”, 〈CRB.COM〉, 2020. 08. 06.
6 네이버 지식백과, 추재기이 [秋齋紀異], 한국민족문화대백과, 한국학중앙연구원. “인기 제일이었던 ‘낭독의 달인’들, 〈한겨레21〉, 2009. 05. 14.
7 “책 듣는 2030… ‘북튜버삼매경’”, 〈세계일보〉, 2019. 07. 20.
8 “‘귀르가즘’ 오디오북이 온다”, 〈한겨레21〉, 2018. 12. 28.

9 “[N리뷰] 7주년 방탄소년단, 온라인 '방방콘'으로 만든 새로운 '봄날'”, 〈News1〉, 2020. 06. 15.
10 “75만 명 본 BTS '방방콘', 기네스 세계기록 등재”, 〈연합뉴스〉, 2020. 07. 23.
11 “‘오페라의 유령’ 온라인 공연에 천만 모였다”, 〈국민일보〉, 2020. 04. 20.
12 “AR로 작품 보고… 소더비 첫 온라인 경매”, 〈동아일보〉, 2020. 07. 20.
13 “플랫폼에 ‘성패’… 국제영화제, 온라인 선택 ‘고민’”, 〈리더스경제〉, 2020. 09. 09.
14 “코로나19: 온라인 문화생활로 극복하기”, 〈BBC코리아〉, 2020. 03. 20.
15 “티케팅 고별 선언”, 〈Noblesse〉, 2018. 06. 23.

16 텀블벅 홈페이지, http://tumblbug.com
17 “[문화'덕투'붐]①책·공연·영화까지…취향따라 직접 투자한다”, 〈이데일리〉, 2019. 03. 15.
18 “김태호 실험작 '같이 펀딩', 25억 모으며 시즌 종영”, 〈연합뉴스〉, 2019. 11. 18.
19 “[맨 인 컬처]“‘소나무’에 5만 원 넣었어” 아이돌 가수도 크라우드펀딩 시대”, 〈동아일보〉, 2018. 01. 09.
20 네이버 지식백과, 계 [契], 한국민족문화대백과, 한국학중앙연구원.

21 “킥스타터 ‘크라우드 펀딩=파괴적 창조’”, 〈ZDNet〉, 2015. 10. 14.

22 “Crowdfunding Market 2019: Global Trends, Market Share, Industry Size, Growth, Opportunities, Forecast to 2025”.

23 “구독자 25만 명 거느린 90세 日 '할머니 게임 유튜버' 화제”, 〈조선비즈〉, 2020. 05. 20.

24 “요즘 대세는 시니어 세대! 예능의 세대공감, 따로 또 같이: 세대융합 콘텐츠가 많아지는 이유”, 〈한국콘텐츠진흥원〉, 2019. 09. 16.

25 문화체육관광부(2019), 2018 문화향수실태조사 결과 발표.

26 “영수는 40년대생、지영은 70년대생, 그럼 내이름은?”, 〈헤럴드POP〉, 2009. 01. 25.

27 “새로운 소비문화를 이끄는 ‘액티브 시니어’”, 〈fromA〉, 2018. 10. 30.

28 박지현·장웅조 (2017), 크리에이티브 에이징(Creative Aging)을 위한 미술관 시니어 자원봉사프로그램 연구 -국립현대미술관 사례를 중심으로, 《예술경영연구》, 43, 97-120.

29 꿈꾸는 여행자 홈페이지, https://seniordream.org/SeniorTravel/

30 “코로나 대응·BTS·기생충 효과…미국인 ‘한국 호감도’ 역대 최고”, 〈동아일보〉, 2020. 10. 20.

31 “시게코, "백남준과 함께 사는 것 자체가 내게는 아트였다"”, 〈CBS노컷뉴스〉, 2016. 07. 31.

32 “일본 '제2 한류붐'…엔터株 '코로나 무풍지대'”, 〈비즈니스플러스〉, 2020. 08. 19.

33 ““국뽕도 과하면 치사량”… ‘反국뽕’ 콘텐츠 뜬다”, 〈동아일보〉, 2020. 10. 19.

34 “기생충-BTS 열풍 이어 ‘미술 한류’ 바람도 불까”, 〈동아일보〉, 2020. 10. 13.

35 “순식간에 동나는 워너원 굿즈…1000억 아이돌 굿즈 시장 ‘활짝’”, 〈헤럴드경제〉, 2018. 04. 14.

36 김나민(2019), 연예인 굿즈는 소유자의 행복을 증진시키는가?, 《소비문화연구》, 22(3), 1-17.

37 ““가성비 대신 가잼비” 펀슈머 저격하는 이종업계 콜라보 활발”, 〈보건뉴스〉, 2019. 11. 04.

38 “펭수 세트, 임영웅 샴푸…'팬덤의 아들' 굿즈 무한 진화”, 〈중앙SUNDAY〉, 2020.

05. 25.

39 “덕후 아이템에서 나만의 정체성으로, 소셜 빅데이터로 본 굿즈 열풍”, 〈HS Adzine〉, 2018. 04. 11.

그림 출처

10 오디오북 플랫폼 오더블, shutterstock

13 다양한 오디오 콘텐츠를 감상할 수 있는 팟캐스트, shutterstock

15 DC코믹스 시리즈 《샌드맨》의 작가 닐 게이먼, shutterstock

18 멀티태스킹이 필요한 요즘 사람들, shutterstock

22 책을 듣는 시대, 책을 듣는 사람들, shutterstock

26 2019년 BTS 콘서트, NenehTrainer, 위키미디어커먼스(CC-BY-SA-3.0)

27 뮤지컬 〈캣츠〉 공연 장면, shutterstock

28 뮤지컬 작곡가 앤드류 로이드 웨버(Andrew Lloyd Webber), shutterstock

30 경매회사 ‘소더비(Sotheby’s)’ 홈페이지, shutterstock

33 구글아트앤컬쳐(Google Arts & Culture) 어플리케이션, shutterstock

38 1985년 필라델피아 〈라이브 에이드〉 공연, Squelle, 위키미디어커먼스(CC-BY-SA-3.0)

40 ‘픽미’ 열풍을 일으켰던 아이오아이, mduangdara, 크리에이티브커먼즈(CC-BY-SA-2.0)

44 영화 〈귀향〉 포스터, ㈜제이오엔터테인먼트코리아

46 메이크스타에 참여한 러블리즈, 슈퍼스타☆김케이, 크리에이티브커먼즈(CC-BY-4.0)

48 킥스타터(Kickstarter) 홈페이지, shutterstock

50 여러 사람이 함께 모여 아이디어를 실현시키는 크라우드 펀딩, shutterstock

57 시니어 인기 박막례 유튜버, 연합뉴스

60 tvN 예능 〈꽃보다 할배〉, 연합뉴스

63 1970년대 서울의 백화점과 아파트 풍경, 위키미디어커먼스

65 노년기의 문화예술 활동은 삶의 질을 높인다, shutterstock

73 빌보드 ‘HOT 100’ 차트에 한국 걸그룹 최초 2곡을 동시에 올린 블랙핑크, shutterstock

75 캐나다 스크린 어워드에서 수상한 〈김씨네 편의점〉 주연 폴 선형 리, shutterstock
77 김시스터즈와 딘 마틴, Chick Sponder, 위키미디어커먼스(CC-BY-SA-3.0)
78 2013년 뉴욕 록펠러 플라자에서 공연 중인 가수 싸이, shutterstock
82 국내 OTT 서비스 왓챠(Watcha), ㈜왓챠
85 BTS 공식 응원봉 '아미밤', shutterstock
87 국립중앙박물관 미미달 고려청자 케이스 시리즈, 미미달 mimidar.com
91 연예인 굿즈를 구입하기 위해 상점을 둘러보는 팬들, shutterstock
93 의류부터 생활용품까지 다양해지는 굿즈, shutterstock
97 펄프 픽션의 OST, shutterstock
99 유랑극단에서 음악은 빠지지 않는다, shutterstock
100 런던 올림픽 경기 공연, maykal, 크리에이티브커먼즈(CC-BY-2.0)
102 〈딕 트레이시〉의 워런 비티, Alan Light, 크리에이티브커먼즈(CC-BY-2.0)
104 독특한 OST로 유명한 〈슈퍼마리오〉, JD Hancock, 크리에이티브커먼즈(CC-BY-2.0)
109 향기마케팅을 펼치는 인천공항, Steve Burt, 크리에이티브커먼즈(CC-BY-SA-2.0)
110 광대의 얼굴, Bernard Spragg, 크리에이티브커먼즈(CC0-1.0)
113 페르소나는 감독의 분신, Cristiano Betta, 크리에이티브커먼즈(CC-BY-2.0)
115 마크 트웨인, sfjalar, 크리에이티브커먼즈(CC-BY-2.0)
116 아바타, xploitme, 크리에이티브커먼즈(CC-BY-SA-2.0)
117 "The Artist" 또는 프린스, PeterTea, 크리에이티브커먼즈(CC-BY-ND-2.0)
120 은퇴 후의 삶은 중요하다, Wonderlane, 크리에이티브커먼즈(CC0-1.0)
123 〈어프렌티스〉로 이름을 알린 트럼프, Michael Vadon, 크리에이티브커먼즈(CC-BY-SA-2.0)
125 정치인으로 변신한 슈워제네거, COPPARIS2015, 크리에이티브커먼즈(CC0-1.0)
128 e스포츠 대회, SobControllers, 크리에이티브커먼즈(CC-BY-2.0)
129 안톤 오노, Seattle Municipal A rchives from Seattle, WA, 크리에이티브커먼즈(CC-BY)
131 코리아 갓 탤런트 뉴욕 예선전, sunykorea, 크리에이티브커먼즈(CC-BY-ND-2.0)
132 협력을 통한 성취, shutterstock
135 〈스타워즈〉의 스핀오프, AntMan3001, 크리에이티브커먼즈(CC-BY-SA-2.0)
137 조커 역의 호아킨 피닉스, AntMan3001, 크리에이티브커먼즈(CC-BY-SA-2.0)

138 〈코난〉의 원전인 〈카이토〉, No Boring Stories, 크리에이티브커먼즈(CC-BY-SA-2.0)

140 외경을 포함한 성경, Yoshi Canopus, 크리에이티브커먼즈(CC-BY-SA-4.0)

142 〈러브 스토리〉의 알리 맥그로우, brucedetorres, 크리에이티브커먼즈(CC-PDM-1.0)

143 〈신비한 동물사전〉, deepskyobject, 크리에이티브커먼즈(CC-BY-SA-2.0)

145 영화 〈스타탄생〉의 주역들, Chris Miksanek, 크리에이티브커먼즈(CC-BY-A-4.0)

147 게임의 리마스터링, DesignFathoms, 크리에이티브커먼즈(CC-BY-2.0)

148 〈저스티스 리그〉의 크로스오버, AntMan3001, 크리에이티브커먼즈(CC-BY-SA-2.0)

150 실버 버튼과 골드 버튼의 유튜버, Maurice Cremer, 크리에이티브커먼즈(CC-BY-SA-4.0)

152 영화 리뷰 콘텐츠, Guardians of the Galaxy Review! AntMan3001, 크리에이티브커먼즈(CC-BY-SA-2.0)

154 외국의 시골 장터 풍경, flee market Arcadiuš, 크리에이티브커먼즈(CC-BY-2.0)

156 2015년 서울 독립영화축제의 한 장면, Seoul I ndependent Film Festival 2015 Dy Lee, 크리에이티브커먼즈(CC-BY-SA-4.0)

158 경리단길 술집들, sky1man's village, 크리에이티브커먼즈(CC-BY-ND-2.0)

160 맞춤형 제품을 선보였던 델 컴퓨터, bigpresh, 크리에이티브커먼즈(CC-BY-2.0)

163 SNS의 대세 틱톡, Solen Feyissa, 크리에이티브커먼즈(CC-BY-SA-2.0)

164 말풍선 밈, tophrrrr, 크리에이티브커먼즈(CC-BY-SA-2.0)

167 깨진 유리창, barnimages.com, 크리에이티브커먼즈(CC-BY-2.0)

170 아이스버킷 챌린지, AFGE, 크리에이티브커먼즈(CC-BY-2.0)

172 파리 테러 추모, mtan14, 크리에이티브커먼즈(CC-BY-SA-2.0)

173 #BlackLivesMatter 시위, Diane_Krauthamer, 크리에이티브커먼즈(CC-BY-2.0)

174 멜버른에서의 플래시몹, John Englart (Takver), 크리에이티브커먼즈(CC-BY-SA-2.0)

176 환경운동가 그레타 쿤베리, Anders Hellberg, 크리에이티브커먼즈(CC-BY-SA-4.0)